JN422500

복음의 본질 예수 그리스도

인쇄 2014년 12월 1일
발행 2014년 12월 6일
발행처 예수교대한성결교회 총회(도서출판 JKSC)
발행인 이종복
편집인 조일구
편집 예수교대한성결교회 총회 교육국

등록 1974. 2. 1. No. 300-1974-2
주소 110-091 서울특별시 종로구 인왕산로1가길 11
전화 070-7132-0020~1
팩스 02-725-7079
www.sungkyul.org

제작 도서출판 들소리
값 6,000원

복음의 본질

예수그리스도

도서출판
JKSC

추천의 글

성숙한 신앙인으로 나아가라

성숙한 그리스도은 시간이 지나면 자연적으로 이루어진다고 대부분의 사람들은 생각합니다. 그러나 시간과 성숙도는 항상 정비례하지 않습니다.

그래서 히브리서 기자는 히브리서 6장 1~2절에서 "그러므로 우리가 그리스도의 도의 초보를 버리고 죽은 행실을 회개함과 하나님께 대한 신앙과 세례들과 안수와 죽은 자의 부활과 영원한 심판에 관한 교훈의 터를 다시 닦지 말고 완전한 데로 나아갈지니라"고 권면합니다.

다시 말하면, 그리스도의 말씀에 대한 초보적 교리를 아는 데만 머무르지 말고 깊은 진리를 배우는 자리로 나아가라는 말씀입니다. 오늘날 그리스도인들이 세상 속에서 매력적인 그리스도인이 되지 못하고, 쉽게 이단의 유혹에 빠져 버리는 이유가 있습니다. 그것은 복음에 대한 바른 지식이 부족하고 성숙한 신앙인으로 성장하기 위해 지속적으로 말씀 배우는 것을 게을리 하기 때문이라 생각합니다.

그러므로 바울은 디모데후서 3장에서 말세에 나타날 타락상을 열

거하면서 성도들로 하여금 무엇보다도 성경을 배우고 깨달아 확신에 거할 것을 권면하고 있습니다. 이러한 시기에 저희 교단에서 발간한 2015년 공과 「예수 그리스도」는 큰 의미가 있습니다.

이번 공과는 성도들로 하여금 기초적 교리를 더욱 견고하게 하는 데 도움을 줄 뿐 아니라 예수 그리스도를 향한 섭리와 생애, 행적, 상징, 표적 및 사역에 대하여 깊이 배우게 될 것입니다. 한 걸음 더 성숙한 신앙인으로 나아가는 길이 될 것입니다.

바라기는 「예수 그리스도」 공과를 통해 진정 하나님이 원하시고 기뻐하시는 삶을 세상 속에 녹여내 이 시대를 변화시키는 주역들이 될 수 있기를 소망합니다.

이종복 목사

예수교대한성결교회 총회장

이렇게 사용하세요

1. 본 교재의 특징

(1) 회원용과 인도자용 구별하지 않았습니다.

(2) 개인적으로 읽거나 소그룹 별로 함께 나눌 수 있도록 구성했으며 구역이나 속회, 셀 모임에서 사용할 수 있도록 예배 형태로 구성했습니다.

(3) **쉬운 책입니다.**

전체 흐름이 예수 그리스도라는 주제로 구성되었으며 성경을 중심으로 한 쉬운 본문으로 이루어져 있습니다.

(4) **단순한 책입니다.**

예수님에 대한 섭리와 생애, 구속사역 등을 다각도로 조명하고 쉽게 풀어 설명했습니다. 본문말씀을 중심으로 하나님의 자녀가 바른 신앙으로 살아갈 수 있도록 구체적이고 단순하게 가르칩니다.

(5) **부담 없는 책입니다.**

모임에 참여하는 성도들이 편하고 재미있게 접근할 수 있도록 알차게 구성했습니다. 또한 성경을 공부하는 것에서 끝나지 않고 실제적으로 적용할 수 있는 말씀 실천하기와 합심 기도를 서로 나눌 수 있도록 했습니다. 이를 통해 주님의 명령을 혼자만이 아닌 공동체 전체가 말씀 앞에 순종하고 결단의 기도까지 할 수 있도록 이끌어 줍니다.

(6) 교회력에 따라 절기(부활, 맥추, 추수, 성탄)는 부록으로 편집하여 활용도를 높였습니다.

성경은 개역개정 4판을, 찬송은 새찬송가를 기준으로 했습니다.

2. 예배형태로 진행시 사용방법

문안 → 신앙고백 → 찬송 → 기도 → 말씀(살펴보기, 나누기, 실천하기) → 합심 기도하기 → 찬송(헌금) → 헌금기도 → 주기도문 → 광고(다음 모임) → 교제와 친교

진행방법

① 회원들이 모이면 서로 문안하고 받을 은혜를 위해 각자 기도합니다.
② 사도신경으로 신앙을 고백하고 찬송을 부른 후 대표기도(회원 가운데)를 합니다.
③ 이룰 목표를 다 같이 읽습니다.
④ 교재의 성경말씀을 한 절씩 돌아가며 읽습니다.
⑤ 새길 말씀은 본문의 핵심구절이기에 암송하면 유익합니다.
⑥ 말씀 살펴보기의 질문을 회원들과 함께 나눕니다.
⑦ 말씀 나누기를 인도자가 선포합니다.
⑧ 말씀 실천하기를 함께 나눕니다. 금주의 실천사항을 한 가지 적습니다.
⑨ 합심 기도하기 제목과 긴급한 기도를 놓고 합심으로 기도합니다(회원 가운데 성령의 인도하심을 따라 마침기도를 하는 것도 유익합니다).
⑩ 예배 형태로 진행시 헌금찬송과 함께 헌금을 드립니다(미리 헌금봉투에 담아 준비합니다).
⑪ 광고시간에 다음 모임의 장소와 시간을 정하고 모임과 행사 등을 광고합니다.
⑫ 예배 형태로 진행시 주기도문으로 예배를 마칩니다.

사용방법

① **이룰 목표** 해당 모임 시간에 이룰 목표의 큰 그림을 설명해 놓았습니다.
② **말씀 살펴보기** 본문에 기록된 간단한 질문과 답을 통해 본문 내용의 이해를 돕습니다.
③ **말씀 나누기** 본문 말씀과 주제를 중심으로 쉬운 본문 해설을 제공합니다.
④ **말씀 실천하기** 전체 교육 내용을 정리해서 다시 한 번 핵심을 강조합니다. 삶에 적용할 수 있는 탁월하고 예리한 질문들을 통해 삶으로 말씀을 실천할 수 있는 유익을 줍니다.
⑤ **합심 기도하기** 본문을 통한 구체적인 기도의 방향과 제목을 제공합니다.

첫 모임 시간에 회원 간의 기도제목을 나누고 함께 기도합니다.

차례

CONTENTS

PART 5 예수 그리스도의 구속 사역

PART 6 예수 그리스도의 표적

PART 7 예수 그리스도의 상징

인자가 온 것은 섬김을 받으려 함이 아니라

도리어 섬기려 하고 자기 목숨을 많은 사람의

대속물로 주려 함이니라(마가복음 10:45)

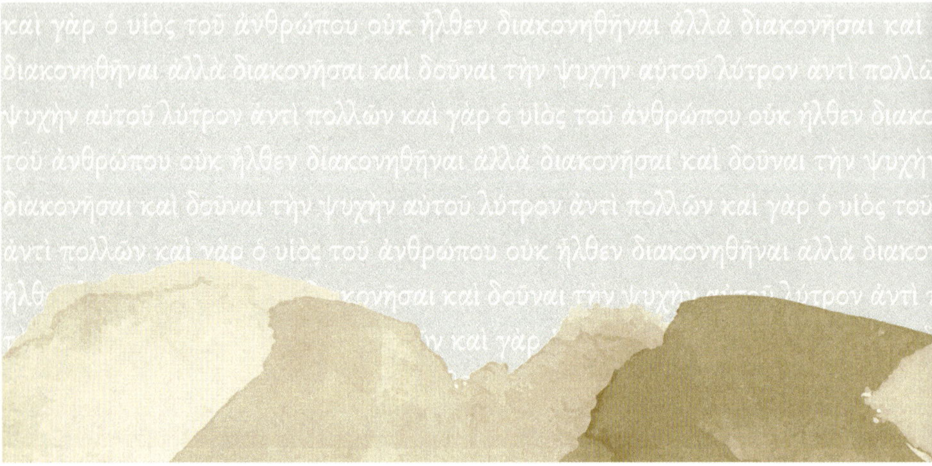

예수 그리스도를 향한 섭리

PART 1

01 여자의 후손 예수

본문 말씀 창 3:15

이룰 목표
- 우리 죄를 위해 이 땅에 오신 예수님께 감사와 영광을 돌리는 삶을 산다.
- 승리하신 예수님을 따라 우리도 이미 승리했음을 기억하고 담대한 삶을 산다.

말씀 살피기
- 예수님이 여자의 후손으로 오신 이유는 무엇입니까?(갈 4:4~5)
- 여자의 후손이신 예수님이 어떤 일을 하십니까?(창 3:15)

소그룹 예배 인도 순서

사도신경 다 같이
찬송 104장(통 104)
기도 회원 중
본문 말씀 창 3:15
새길 말씀 갈 4:4
헌금 찬송 101장(통 106)
헌금 기도 회원 중
주기도문 다 같이

말씀 나누기

하나님께서는 세상을 창조하실 때 사람을 마지막으로 창조하셨습니다. 만들어진 모든 것을 사람에게 주시기 위함이었습니다. 또한 그 사람과 교제하시기 위해 그 어떤 피조물과도 다르게 하나님의 형상과 모양을 따라 만드셨습니다. 하나님은 그렇게 사람을 사랑하셨습니다.

그러나 사람들은 하나님의 사랑을 배신하고 범죄 했으며, 죄로 인해 사망이 들어왔습니다.

그럼에도 불구하고 하나님께서는 여전히 사람들을 사랑하셔서 구원하실 계획을 선포하셨는데, 그 구원 계획이 오늘 본문인 창세기 3장

15절입니다. 이것은 구원에 대한 최초의 계획이고 복음에 대한 최초의 선포이기에 원시복음(原始福音)이라 합니다.

하나님께서는 예수님이 여자의 후손으로 이 땅에 오셔서 죄를 이기고 승리하실 것임을 선포하셨습니다. 그리고 그 계획과 예언은 동정녀 마리아를 통한 예수님의 탄생으로 성취되었습니다.

그렇다면 왜 예수님은 여자의 후손으로 오셨을까요? 왜 구원을 이루기 위해 여자의 후손으로 오셔야 했을까요? 본문 말씀을 통해 그 해답을 찾아보고 그 말씀의 성취가 어떻게 나타났는지를 살펴보도록 하겠습니다.

1. 여자의 후손으로 오셨습니다

하나님께서는 아담에게 선악과를 먹으면 반드시 죽는다고 경고하셨습니다(창 2:17). 죄의 대가는 죽음이라고 미리 알려주셨습니다. 하지만 하나님의 말씀에 불순종한 아담은 선악과를 먹었고 범죄로 인해 죽음이 들어왔습니다.

로마서 5장 12절은 "한 사람으로 말미암아 죄가 세상에 들어오고 죄로 말미암아 사망이 들어왔느니라 이와 같이 모든 사람이 죄를 지었으므로 사망이 모든 사람에게 이르렀느니라"고 말씀하십니다. 아담 혼자만의 문제가 아니라 온 인류가 죄의 대가를 죽음으로 치르게 된 것입니다.

한 사람으로 말미암아 모두가 죄인이 되고 죽음을 맞이하게 되었으니 누군가 대표로 죄의 짐을 진다면 죄에서 해방될 수 있습니다. 죄인은 자격이 없으니 의인 한 사람이 이를 대신해야 합니다. 그런데 문제는 의인이 한 사람도 없다는 것입니다(롬 3:10). 의로우신 분은 하나님 외에 없습니다. 그런데 하나님은 죽음이 없는 분입니다. 그래서 하나님께서는 독생자 예수님을 이 땅에 사람으로 보내신 것입니다. 하나님이 사람이 되셨습니다.

하지만 남녀관계를 통한 사람의 혈통으로 태어나게 되면 죄인일 수밖에 없습니다. 그래서 남자와 상관없이 여자의 후손으로 태어나신 것입니다. 하나님께서는 이렇게 예수님을 여자의 후손으로 보내실 것을 계획하시고 선포하셨습니다. 이것이 원시복음, 창세기 3장 15절입니다.

"때가 차매 하나님이 그 아들을 보내사 여자에게서 나게 하시고 율법 아래에 나게 하신 것은" (갈 4:4)

2. 여자의 후손이 구원을 이루셨습니다

마태복음 1장 18절에서 "예수 그리스도의 나심은 이러하니라 그의 어머니 마리아가 요셉과 약혼하고 동거하기 전에 성령으로 잉태된 것이 나타났더니"라고 말씀하십니다.

상상할 수 없는 불가능한 일이 생긴 것입니다. 처녀로서 임신한 마리아나 약혼녀의 임신을 바라보는 요셉이나 믿음이 없이는 받아들일 수 없는 일이었습니다. 마리아는 천사의 말을 듣고 순종하겠다고 대답했습니다(눅 1:26~38). 요셉은 꿈에서 주의 사자의 말씀을 듣고 순종의 모습을 실천했습니다(마 1:18~25).

죄는 하나님의 말씀을 거역하고 불순종한 것으로부터 왔지만 구원은 예수님을 비롯한 마리아와 요셉의 순종으로부터 왔습니다. 믿음과 순종으로 하나님의 구원 약속이 이루어진 것입니다.

여자의 후손이 구원을 이룰 것이라는 말씀은 동정녀 마리아에게서 예수님이 탄생하시면서 성취되었습니다. 하나님의 말씀과 약속은 변하지 않습니다. 우리가 해야 할 일은 그 약속을 굳건히 믿고 순종하는 것뿐입니다.

"보라 처녀가 잉태하여 아들을 낳을 것이요 그의 이름은 임마누엘이라 하리라 하셨으니 이를 번역한즉 하나님이 우리와 함께 계시다 함이라"(마 1:23)

3. 여자의 후손이 승리하셨습니다

창세기 3장 15절은 하나님께서 뱀에게 하신 말씀입니다. 뱀은 사탄의 또 다른 이름입니다(계 12:9, 20:2). 여자의 후손은 예수님이라고 앞서 배웠습니다. 뱀 곧 사탄이 여자의 후손 곧 예수님의 발꿈치를 물 것이라 하셨습니다.

말씀대로 예수님은 고난을 당하셨습니다. 제자들에게 배신당하고, 백성들에게 버림당하고, 온갖 고초를 겪으시고 결국 십자가에서 죽으셨습니다. 뱀이 발꿈치를 물었습니다.

그러나 예수님은 죽음을 이기시고 부활하셨습니다(마 28:5~7). 예수님은 승리를 선포하셨습니다(요 16:33). 사탄은 예수님의 발꿈치를 물었지만 예수님은 사탄의 머리를 상하게 하심으로 완전히 이기셨습니다.

그러므로 우리도 예수님을 따라 세상을 이긴 사람들입니다. 죽음을 이미 이긴 사람들입니다. 믿음 안에서 우리는 이미 승리한 자들입니다. 죽음을 이기신 예수님은 종말의 때에 재림하셔서 다시 한 번 승리를 재확인하실 것입니다. 여자의 후손이 승리하게 될 것은 예언된 대로 이천년 전에 이미 성취되었습니다.

두려움을 떨쳐버리고 담대하게 승리를 외치며 전진하는 성도들이 되어야 하겠습니다.

"이것을 너희에게 이르는 것은 너희로 내 안에서 평안을 누리게 하려 함이라 세상에서는 너희가 환난을 당하나 담대하라 내가 세상을 이기었노라"(요 16:33)

말씀 실천하기

1. 예수님의 부활을 증거 하는 증인의 삶을 살고 있습니까?
2. 믿음의 담대함을 어떻게 실천하며 살겠습니까?

합심 기도하기

1. 죄를 짓지 않고 성결한 삶을 살 수 있게 하소서.
2. 부활의 신앙을 증거 하는 삶을 살게 하소서.

02 가죽 옷과 예수

본문 말씀 창 3:21

이룰 목표
- 구원은 온전한 하나님의 은혜이며 오직 믿음으로만 구원받음을 확신한다.
- 구원 받은 은혜에 감사하는 성도가 된다.

말씀 살피기
- 죄를 범한 아담과 하와는 무엇으로 그 수치를 가렸습니까? (창 3:7)
- 하나님께서 가죽 옷을 지어 입히신 이유는 무엇이었을까요? (창 3:21)

소그룹 예배 인도 순서

사도신경 다 같이
찬송 544장(통 343)
기도 회원 중
본문 말씀 창 3:21
새길 말씀 갈 3:27
헌금 찬송 546장(통 399)
헌금 기도 회원 중
주기도문 다 같이

말씀 나누기

하나님께서 금지하신 선악과에 하와의 마음이 움직이게 된 결정적인 것은 "눈이 밝아져 하나님과 같이 되어"(창 3:5)라는 유혹이었습니다. 높아지고 싶은 교만, 누군가의 통제와 허락 없이 자신의 마음대로 살고 싶은 마음이 죄를 짓게 하는 결정적 요인이었습니다.

하나님처럼 될 수 없음에도 하나님처럼 되고 싶은 교만의 마음은 비단 하와 뿐 아니라 지금 우리에게도 여전히 유전되고 있습니다. 스스로 삶의 주인이 되고 싶은 욕심은 현대를 살아가는 우리에게 더욱 강한 유혹으로 다가옵니다.

눈이 밝아져 더욱 멋진 세상을 보게 될 줄 알았던 것은 그들의 착각이었습니다. 그들이 보게 된 것은 부끄러운 모습이었습니다(창 3:7). 수치심이 들어와 무엇으로든지 가려야 할 필요를 느끼게 되었습니다.

하지만 그들의 능력으로는 나뭇잎으로 얼기설기 엮은 불완전한 가리개 밖에는 만들 수 없었습니다. 사탄은 좋은 것을 줄 것처럼 유혹했지만 죄를 짓게 한 후 아무것도 책임지지 않았습니다. 범죄 이후 사람들은 하나님을 찾지도 못했습니다. 하나님께서 먼저 그들에게 다가가셨습니다. 그리고 그들의 허물을 가리기 위하여 가죽 옷을 지어 입히셨습니다(창 3:21).

왜 하나님은 가죽옷을 지어 입히셨을까요? 가죽 옷을 지어 입히신 하나님의 사랑과 구원계획에 대하여 살펴보겠습니다.

1. 나뭇잎 치마는 불완전한 산물입니다

죄가 가져온 첫 번째 반응은 부끄러움이었습니다. 죄는 우리를 수치스럽게 만듭니다. 하나님의 백성으로서 죄를 짓는 것도 부끄러운 일입니다.

아담과 하와는 무화과나무의 잎을 엮어 치마를 만들어 입었습니다. 자신들의 능력으로 할 수 있는 최선의 것을 만들었지만 나뭇잎 치마가 얼마나 부실하고 불완전한 것입니까? 수치를 완전히 가려줄 수도 없고, 추위를 막아주지도 못하고, 오래 입을 수도 없는 불완전한 것 밖에 만들 수 없었습니다. 하지만 그것이 그들의 최선이었습니다.

아담과 하와가 자신들의 수치를 가리기 위하여 불완전한 나뭇잎 치마를 해 입듯이 죄인들은 자신들의 노력으로 죄 문제를 해결하려 합니다. 하지만 죄는 사람들의 노력으로 막을 수 있는 것이 아닙니다. 죄는 완전하게 악한 것입니다. 죄가 가져오는 죽음은 그 어떤 것으로도 막을 수 없습니다.

죄를 가리고 구원을 얻기 위한 사람들의 어떠한 노력도 허사입니다. 구원에 영향을 미칠 수 없습니다. 구원은 오직 믿음으로만 가능합니다. 그래서 하나님께서 가죽 옷을 지어 아담과 하와에게 입히신 것입니다.

"사람이 의롭게 되는 것은 율법의 행위로 말미암음이 아니요 오직 예수 그리스도를 믿음으로 말미암는 줄 알므로 우리도 그리스도 예수를 믿나니 이는 우리가 율법의 행위로써가 아니고 그리스도를 믿음으로써 의롭다함을 얻으려 함이라 율법의 행위로써는 의롭다 함을 얻을 육체가 없느니라"(갈 2:16)

2. 가죽 옷은 하나님의 은혜입니다

나뭇잎으로 만든 치마는 아담과 하와의 공로가 있지만 가죽 옷에는 하나님의 은혜만 있습니다. 은혜가 무엇입니까? 하나님의 일방적인 사랑입니다. 나뭇잎으로 만든 옷을 입고 있을지언정 사람들은 하나님의 도우심을 구하지 않았습니다. 하나님께서 먼저 다가가셔서 옷을 갈아 입히신 것입니다.

"우리가 사랑함은 그가 먼저 우리를 사랑하셨음이라"(요일 4:19)

하나님의 은혜로 만들어진 가죽 옷은 사람의 공로로 만든 나뭇잎 옷과 달리 온전했습니다. 수치를 제대로 가려줄 수 있고, 낡지도 않을 뿐만 아니라 추위와 상처를 막아 줄 수 있는 온전한 가리개였습니다. 사람의 공로로 만든 불완전한 것이 아니라 하나님의 은혜로 만든 완전한 것이었습니다. 사람의 공로로 구원 받을 수 없습니다. 죄의 문제를 해결할 수 없습니다. 죽음을 피할 수 없습니다. 오직 하나님의 은혜로만 구원받을 수 있는 것입니다.

그렇다면 가죽 옷은 무엇을 상징하는 것일까요?

"그 안에서 발견되려 함이니 내가 가진 의는 율법에서 난 것이 아니요 오직 그리스도를 믿음으로 말미암은 것이니 곧 믿음으로 하나님께로부터 난 의라"(빌 3:9)

3. 가죽 옷은 예수 그리스도입니다

가죽으로 옷을 만드셨다는 것은 짐승의 희생이 있다는 것입니다. 죄인을 위하여 죄 없는 짐승이 희생을 당했습니다. 피를 흘렸습니다. 죽임을 당한 것입니다. 그 죽음으로 사람들의 죄가 가려졌습니다. 이것이 구약의 제사였습니다. 죄 없고 흠 없는 짐승에게 사람들의 죄를 전가시켜 죽인 것입니다. 짐승들의 희생이 가죽 옷 역할을 한 것입니다.

하지만 구약의 제사는 완전한 효력이 있지 않았습니다. 그래서 한 번에 모든 사람들을 구원하기 위하여, 완전한 대속을 이루기 위해 예수님이 오신 것입니다. 성경은 예수님을 "세상 죄를 지고 가는 하나님의 어린 양"이라 했습니다(요 1:29). 하나님이 지어 입히신 가죽 옷이 예수님이었던 것입니다. 모든 죄를 대신 지고 희생당하여 죽은 예수님이 하나님의 가죽 옷입니다.

우리의 대속은 어린 양 그리스도의 보배로운 피로 된 것입니다(벧전 1:18~19).

우리의 공로로는 결코 구원받을 수 없습니다. 사람들의 노력과 애씀이 구원에 아무런 영향을 미칠 수 없습니다. 그래서 우리는 예수 그리스도로 옷 입어야 합니다(갈 3:27).

"너희가 알거니와 너희 조상이 물려 준 헛된 행실에서 대속함을 받은 것은 은이나 금 같이 없어질 것으로 된 것이 아니요 오직 흠 없고 점 없는 어린 양 같은 그리스도의 보배로운 피로 된 것이니라"(벧전 1:18~19)

말씀 실천하기

1. 오직 믿음으로만 구원 받음을 확신하십니까?
2. 구원은 오로지 하나님의 은혜입니다. 그 감사를 어떻게 표현하겠습니까?

합심 기도하기

1. 구원의 감격과 감사가 넘치는 삶을 살게 하옵소서.
2. 주변의 많은 사람들을 주님께로 인도할 수 있도록 전도의 문을 열어 주옵소서.

03 베들레헴에 출생한 예수

본문 말씀 미 5:2

이룰 목표
- 하나님의 말씀과 약속은 변하지 않는 것임을 믿고, 그 확신 안에 거한다.
- 생명의 떡 예수님을 통해 날마다 새 힘을 공급받는 삶을 산다.

말씀 살피기
- 예수님이 생명의 떡이라는 말은 무슨 뜻입니까?(요 6:35)
- 베들레헴은 누구의 고향입니까?(삼상 17:12)

소그룹 예배 인도 순서

사도신경 다 같이
찬송 120장(통 120)
기도 회원 중
본문 말씀 미 5:2
새길 말씀 마 2:1
헌금 찬송 198장(통 284)
헌금 기도 회원 중
주기도문 다 같이

말씀 나누기

미가서 5장 2절은 메시아의 출생지에 대한 예언입니다. 베들레헴에서 이스라엘을 다스릴 자가 나올 것이라 하셨습니다. 그의 근본은 먼 옛날, 아주 오랜 옛날로 거슬러 올라간다고 기록하는데, 이는 하늘로부터 오시는 영원한 왕이신 예수 그리스도에 대한 예언임을 알 수 있습니다. 하나님께서는 예수님이 태어나시기 720년 전에 이미 미가 선지자를 통하여 메시아의 탄생과 그 출생지를 예언해 놓으신 것입니다.

예수님의 출생은 갑작스러운 일이 아닙니다. 하나님의 철저하고 세밀하신 계획 가운데 나타나는 구원섭리였습니다. 베들레헴에서 메시아가 나실 것이라는 하나님의 계획이 예수님을 통해 어떻게 성취되는지를 살펴보면서 그 속에 담긴 은혜의 메시지를 확인해 보겠습니다.

1. 다윗의 고향은 베들레헴입니다

베들레헴은 예루살렘에서 남쪽으로 7~8km 정도 떨어진 곳에 위치한 아주 작은 마을이며 룻의 시아버지 엘리멜렉의 고향입니다(룻 1:1~2). 흉년을 피해 모압 지역으로 가서 살던 엘리멜렉의 아들을 만나 결혼한 모압 여인 룻은 집안의 남자들이 다 죽자 시어머니인 나오미를 따라 베들레헴으로 갔습니다. 거기서 보아스를 만나 결혼하고 오벳을 낳았는데, 오벳은 다윗의 할아버지입니다(룻 4:17). 베들레헴은 다윗의 출생지이며 고향이었습니다(삼상 17:12).

베들레헴이 다윗의 고향이라는 사실은 왜 중요할까요? 이사야 9장 6절과 7절에는 메시아가 다윗의 위에서 나와야 한다고 예언되어 있습니다. 메시아는 다윗의 자손이어야 한다는 말입니다. 다윗의 자손이라는 것은 왕이라는 말입니다. 미가서 5장 2절도 베들레헴에서 이스라엘을 다스릴 왕이 나실 것을 예언하고 있습니다. 그래서 메시아는 다윗의 고향 베들레헴에서 태어나야 했던 것입니다.

> "베들레헴 에브라다야 너는 유다 족속 중에 작을지라도 이스라엘을 다스릴 자가 네게서 내게로 나올 것이라 그의 근본은 상고에, 영원에 있느니라"(미 5:2)

2. 베들레헴에서 예수님이 나셨습니다

로마는 식민지의 동태를 파악하고 원활한 세금 징수를 위하여 14년마다 정기적으로 인구조사를 실시하는데, 마침 예수님이 태어나시던 해에 인구조사가 있었습니다. 당시 로마 황제 가이사 아구스도가 인구조사를 명했던 것입니다(눅 2:1). 갈릴리 나사렛에서 살던 요셉은 정혼한 마리아와 함께 고향 땅 베들레헴으로 갔습니다. 그리고 거기서 예수님을 출생하였습니다.

동방 박사들을 만난 헤롯이 모든 대제사장들과 서기관들에게 그리스도의 탄생지를 묻자 그들은 미가서 5장 2절을 인용하며 베들레헴에서 날 것이라고 이야기 했습니다. 성경을 연구하는 학자들만 메시아의 출생지를 알고 있었던 것은 아닙니다.

예수님은 베들레헴에서 출생하셨지만 나사렛에서 자랐습니다. 그래서 사람들은 그를 나사렛 예수라 불렀습니다(마 21:11). 나다나엘이 예수님을 소개 받았을 때 "나사렛에서 무슨 선한 것이 날 수 있겠느냐"고 한 것은 나사렛이라는 동네를 무시하는 태도이기도 하지만 더 큰 이유는 메시아가 베들레헴에서 날 것을 알고 있었기 때문입니다. 이렇게 모든 사람들이 알고 있는 그대로 예수님은 베들레헴에서 출생하심으로 말씀을 성취하셨습니다.

"헤롯 왕 때에 예수께서 유대 베들레헴에서 나시매 동방으로부터 박사들이 예루살렘에 이르러 말하되"(마 2:1)

3. 베들레헴은 빵 집입니다

베들레헴은 "빵 집"이라는 뜻입니다. 우리 식으로 표현하면 "떡 집"이라는 말이지요. 예수님께서 왜 떡집에서 태어나셨을까요? 예수님은 "생명의 떡"으로 오셨기 때문입니다(요 6:35, 48, 51). 왜 예수님이 생명의 떡일까요? 생명의 떡은 하늘에서 내려 세상에 생명을 주는 것입니다(요 6:33). 이 떡을 먹으면 영생하는데, 이것은 세상의 생명을 위한 예수님의 살입니다(요 6:51).

예수님은 우리를 구원하시기 위하여 십자가에서 죽으셨습니다. 그리고 생명을 내주셨습니다. 우리는 이것을 기념하기 위해 성만찬을 하며 떡과 포도주를 먹는 것입니다. 예수님께만 생명이 있습니다. 세상이 주는 것은 아무리 먹고 마셔도 다시 배고프고 다시 목마르지만 생명의 떡을 먹는 사람은 영원히 주리지 않고 목마르지 않습니다(요 6:35).

생명의 떡을 먹는다는 것은 무엇입니까? 생명의 떡으로 오신 예수님을 믿는 것입니다. 예수님의 보혈의 공로를 믿는 것으로 믿는 이들에게는 영생이 주어집니다. 우리에게 생명 주신 예수님을 찬양하고, 생명의 떡을 먹은 우리들은 사망을 이겼음을 확신하고, 사망의 위협에 굴복하지 않아야 합니다. 우리는 예수님의 생명의 떡을 먹어 영생을 얻었기에 사망을 이긴 사람들입니다. 이김을 주신 예수님을 찬양하고, 목숨을 버려 희생하신 예수님께 감사하는 삶을 살아야 하겠습니다.

> "예수께서 이르시되 나는 생명의 떡이니 내게 오는 자는 결코 주리지 아니할 터이요 나를 믿는 자는 영원히 목마르지 아니하리라"(요 6:35)

말씀 실천하기

1. 생명의 떡인 예수님으로부터 새 힘을 날마다 공급받으려면 어떻게 해야 할까요?
2. 예수님이 베들레헴으로 오실 것을 알고 있었던 것처럼 종말의 때에 다시 오실 주님 맞을 준비가 되어 있습니까?

합심 기도하기

1. 날마다 새 힘과 새 생명이 공급되게 하옵소서.
2. 우리를 위해 목숨을 바쳐 희생하신 주님께 날마다 감사하는 삶을 살게 하옵소서.

04 성령으로 세례 받으신 예수

본문 말씀 사 6:1~3

이룰 목표
- 성령의 임재하심과 충만하심을 위해 날마다 기도의 자리에 나아간다.
- 땅 끝까지 증인되는 삶을 산다.

말씀 살피기
- 이사야 61장 1~3절의 말씀과 누가복음 4장 18~19절 말씀을 비교해 보세요.
- 이사야 61장 1절의 말씀과 사도행전 1장 8절의 말씀을 비교해 보세요.

소그룹 예배 인도 순서

사도신경 다 같이
찬송 187장(통 171)
기도 회원 중
본문 말씀 사 6:1~3
새길 말씀 눅 3:21~22
헌금 찬송 192장
헌금 기도 회원 중
주기도문 다 같이

말씀 나누기

이사야 61장 1절에 "주 여호와의 영"이 임하는 목적과 그 결과를 말씀하고 있습니다. "주 여호와의 영"은 "성령님"이십니다. 성령께서 임하시는 이유는 가난한 자에게 아름다운 소식을 전하려는 것이라고 말씀하십니다. 아름다운 소식은 전달하는 말 자체뿐 아니라 마음이 상한 자를 고치고 포로된 자에게 자유를, 갇힌 자에게 놓임을 선포하고 위로하는 등의 아름다운 실천도 포함되어 있습니다. 이렇게 아름다운 선포와 실천이 성령께서 임하시는 목적입니다. 또한 성령이 임하실 때 이런 일이 가능하다는 말씀이기도 합니다. 이 말씀은 메시아 예수님에 대한 예언인데, 어떻게 성취되었는지를 살펴보도록 하겠습니다.

1. 성령세례를 받으셨습니다

예수님이 세례를 받으실 때 하늘이 열리고 성령이 비둘기 같은 형체로 그의 위에 강림하셨습니다(눅 3:21~22). 이것은 이사야 61장 1절의 말씀을 성취하신 것입니다. 예수님은 물로 세례를 받으셨을 뿐 아니라 성령으로 세례를 받으셨습니다. 성령의 불세례를 성결교회에서는 성결이라는 말로 표현합니다. 예수님은 세례를 받으신 후 성령의 충만함을 입어 요단강에서 돌아오시고 광야에서 사십 일 동안 성령에게 이끌리어 금식하며 기도하셨습니다(눅 4:1). 성령의 충만함으로 광야에서의 시험을 이기시고 다시 성령의 능력으로 갈릴리에 가셨습니다(눅 4:14). 예수님의 사역은 성령의 임재로 시작해서 성령의 충만하심과 이끄심으로 이어졌습니다. 한 번의 체험으로 끝나는 것이 아니라 날마다 충만하기 위하여 기도와 말씀의 삶을 사셨던 것입니다.

그러나 제자들은 예수님을 3년이나 따라다니면서 배웠음에도 불구하고 실패자의 모습으로 살았습니다. 예수님을 배신하고 부정하고 도망 다녔습니다. 능력을 행하지도 못했습니다(막 9:17~18). 그러던 제자들이 성령강림을 통한 성령세례를 받은 후 극적으로 변화했습니다(행 2장). 그리고 그들은 새로운 삶과 새로운 사역을 시작했습니다.

우리도 예수님을 따라 성령의 임재와 충만을 위해 날마다 기도하는 삶을 살아야 합니다. 또한 무슨 일이든지 먼저 기도함으로 성령의 인도하심을 구하고 시작해야 할 것입니다.

"백성이 다 세례를 받을새 예수도 세례를 받으시고 기도하실 때에 하늘이 열리며 성령이 비둘기같은 형체로 그의 위에 강림하시더니 하늘로부터 소

리가 나기를 너는 내 사랑하는 아들이라 내가 너를 기뻐하노라 하시니라"(눅 3:21~22)

2. 예수님은 삶을 통해 예언을 성취하셨습니다

예수님은 성령의 임재와 충만 이후 어떻게 살아야 할지 알고 계셨습니다(눅 4:18~19). 그리고 아는 대로 실천하며 사셨습니다. 요한이 보낸 사람들에게 자신이 메시아임을 증명하는 증거로 가난한 자에게 복음이 전파되고 있는 것이라 하셨습니다(마 11:5). 누가복음 6장 20절에서는 가난한 자가 복이 있으니 하나님의 나라가 저들의 것이라 하셨습니다. 가난한 자들에게 복음을 전하는 것이 성령의 임재와 충만을 경험한 사람들의 사명인 것입니다. 또 예수님은 마음이 상한 자를 고치셨고(요 14:27), 자유와 놓임을 선포하셨습니다(요 8:36). 믿는 자들에게는 구원과 은혜이지만 믿지 않는 자들에게는 심판과 저주의 날, 말세가 가까웠음을 선포하셨습니다(마 4:17). 예수님은 만난 사람들에게 기쁨을 주셨고, 예수님을 만난 사람들은 찬송을 불렀으며, 하나님께 영광을 돌려 드렸습니다(마 15:31). 예수님의 삶은 이사야 61장 1절부터 3절의 예언의 말씀을 그대로 성취하는 삶이었습니다.

"주의 성령이 내게 임하셨으니 이는 가난한 자에게 복음을 전하게 하시려고 내게 기름을 부으시고 나를 보내사 포로된 자에게 자유를 눈 먼 자에게 다시 보게함을 전파하며 눌린 자를 자유롭게 하고 주의 은혜의 해를 전파하게 하려 하심이라 하였더라"(눅 4:18~19)

3. 성령 충만한 삶을 말씀하셨습니다

예수님은 부족한 제자들을 끝까지 참아 주셨습니다. 성령 받기 전까지는 어쩔 수 없다는 것을 주님께서는 아셨습니다. 그래서 승천하시면서 보혜사 성령을 기다리라고 말씀하셨습니다. 성령의 불세례(성결)를 받아야 제자다운 사역과 삶을 살아갈 수 있기 때문입니다.

예수님이 승천하시면서 하신 말씀이 사도행전 1장 8절입니다. "성령이 임하시면" "권능을 받게 되고" "증인이 되리라"하셨습니다. 성령의 임재와 충만을 체험해야 권능을 받을 수 있고, 그 권능으로 증인의 삶을 살 수 있다는 말씀입니다. 성령 충만이 시작점입니다. 증인의 삶이란 어떤 것입니까? 가난한 자에게 복음을 전하고 자유를 선포하고 종말을 선포하며 슬픈 자들을 위로하고 기쁨의 기름을 발라 주며, 괴로운 마음 대신에 찬송이 마음에 가득 차게 하고 영광을 나타내게 하는 삶(사 61:1~3)이 증인의 삶(행 1:8)입니다. 성결의 체험을 사모하고 충만을 날마다 간구하여 증인의 삶을 살아가야 하겠습니다.

> "오직 성령이 너희에게 임하시면 너희가 권능을 받고 예루살렘과 온 유대와 사마리아와 땅 끝까지 이르러 내 증인이 되리라 하시니라"(행 1:8)

말씀 실천하기

1. 성령세례(성결)와 성령의 충만을 사모하고 있습니까?
2. 증인된 삶을 살려면 어떻게 해야 할까요?

합심 기도하기

1. 성령으로 충만케 하옵소서.
2. 증인의 삶을 살도록 권능을 주옵소서.

05 메시아의 증거

본문 말씀 사 35:5~6, 사 6:1~3

이룰 목표
- 말세임을 깨달아 더욱 힘써 천국 복음을 증거 하는 삶을 산다.
- 가난하고 소외된 사람들, 약하고 아픈 사람들에게 더 많은 관심을 갖고 사랑하며 위로하고 치료해 주는 삶을 산다.

말씀 살피기
- 이사야 35장 5~6절의 말씀과 마태복음 11장 5절의 말씀을 비교해 보세요.
- 마태복음 11장 5절의 말씀은 어떤 상황에서 나온 말씀인가요?

소그룹 예배 인도 순서

사도신경 다 같이
찬송 359장(통 401)
기도 회원 중
본문 말씀 사 35:5~6, 사 6:1~3
새길 말씀 마 11:5
헌금 찬송 471장(통 528)
헌금 기도 회원 중
주기도문 다 같이

말씀 나누기

세례요한의 탄생은 이사야 40장 3~5절의 성취며, 그의 임무는 메시아의 길을 예비하는 것이었습니다. 옥에 갇힌 요한은 예수님의 소문을 듣고 그 분이 구약에서 예언되고 자신이 길을 예비하는 메시아인지 확인해야 할 필요가 있었습니다. 그가 옥에 갇히기 전, 예수님에게 세례를 베풀 때에 이미 그가 하나님의 아들임을 알았지만(마 3:13~17), 한 번 더 검증할 필요가 있었던 것입니다.

요한이 보낸 제자들이 예수님께 "오신다고 예언된 메시아가 당신입니까 아니면 다른 분을 기다려야 합니까?"라고 질문했을 때 예수님은 이사야 61장 1~3절과 35장 5~6절의 말씀으로 답변 하셨습니다. 예언된 메시아의 사역과 예수님의 사역이 같음을 언급하심으로 예수님 자신이 메시아임을 증명하는 대답이었습니다. 예수님의 사역은 메시아에 대한 예언의 성취였습니다.

1. 가난한 자에게 복음이 전파되었습니다

예수님은 마구간에서 탄생하셨습니다. 가난한 목수의 아들로 나사렛이란 촌에서 자라시고, 소외된 갈릴리 지역에서 사역하셨습니다. 십자가에서는 그의 옷을 벗겨 병사들이 제비 뽑아 가져가기까지 했습니다. 탄생부터 죽음에 이르기까지 예수님은 철저하게 소외되고 가난한 이들과 함께 하셨습니다.

예수님의 삶에서 뿐만 아니라 그의 말씀 속에서도 가난한 자들에 대한 관심을 볼 수 있습니다. 심령이 가난한 자가 복이 있다고 하셨고(마 5:3), 소유를 팔아 가난한 자들에게 주라고 말씀하셨고(마 19:21), 가난한 과부의 두 렙돈을 귀하게 여기셨고(마 12:43), 잔치에 가난한 자들을 청하라 하셨습니다(눅 14:13). 예수님은 단순히 물질적으로만 가난한 사람이 아니라 영육간에 가난하고 소외된 사람들에게 관심과 사랑을 베푸신 것입니다.

그러나 예수님의 관심이 오로지 가난한 사람들에게 있었다고 생각하는 것은 오해입니다. 예수님은 부자나 가난한 사람이나, 건강한 사람이거나 장애가 있는 사람이거나, 남녀노소 빈부귀천을 막론하고 모든 사람들을 사랑하시고 모든 사람들에게 복음을 전하십니다. 모든 이들을 차별 없이 천국으로 초청하십니다.

그러나 특별히 가난한 사람에게 관심을 가지시는 것은 세상이 그들을 차별하고 소외시키기 때문입니다. 더 많은 필요가 있기 때문에 그 부족한 것을 예수님이 채워주십니다. 우리는 예수님을 본 받아 모든 사람들에게, 그 중에서도 특별히 가난하고 소외된 사람들에게 더 많은 사랑을 나누고 천국 복음을 전하는 삶을 살아야 하겠습니다.

"예수께서 눈을 들어 제자들을 보시고 이르시되 너희 가난한 자는 복이 있나니 하나님의 나라가 너희 것임이요"(눅 6:20)

2. 병을 고치셨습니다

마태복음 4장 23절에 나오는 "가르치시고", "전파하시고", "병과 약한 것을 고치시는" 일을 예수님의 3대 사역이라 부릅니다. 예수님의 중요 사역을 3가지로 압축해 놓은 것인데 그 중에 병과 약한 것을 고치시는 신유의 사역에 주목해야 합니다.

예수님은 공생애 사역 동안 여러 종류의 병을, 많은 병자들을 고치셨습니다. 죽은 자를 살리셨습니다. 예수님은 영혼의 구원만 중요시 여기신 것이 아니라 육체의 구원도 중요시 하셨습니다. 사람이란 영혼과 육체가 함께하는 존재이며, 우리의 영혼과 더불어 육체도 하나님이 직접 만드신 하나님이 사랑하시는 피조물입니다. 우리의 소망은 부활입니다. 부활은 영혼만이 아니라 육체도 함께 부활합니다.

예수님은 성경에 예언된 메시아임을 증명하시는 말씀으로 이사야 61장과 35장의 말씀을 함께 제시하며 마태복음 11장 5절에서 말씀하셨습니다. 신유의 사역이 메시아의 증거라는 것입니다. 맹인이 보며 못 걷는 사람이 걸으며 나병환자가 깨끗함을 받으며 못 듣는 자가 들으며 죽은 자가 살아난다 하셨습니다. 각종 병과 약한 것들을 고치시는 것이 메시아의 증거라는 것입니다.

그렇다면 예수님의 제자인 우리들은 어떻게 해야 할까요? 야고보서 5장 14~16절은 병이 들면 교회의 장로들을 초청하고 기름을 바르며 기도하라고 했습니다. 믿음의 기도는 병든 자를 구원한다고 했습니다.

병이 낫기를 위하여 서로 기도해 주라고 했습니다. 예수님을 따르는 우리도 병들고 약한 사람들을 위하여 기도하는 신유의 사역에 더욱 애쓰고 힘써야 하겠습니다. 그것이 예수님을 따르는 제자의 삶입니다.

"예수께서 온 갈릴리에 두루 다니사 그들의 회당에서 가르치시며 천국 복음을 전파하시며 백성 중의 모든 병과 모든 약한 것을 고치시니" (마 4:23)

3. 구원과 심판을 선포하셨습니다

이사야 61장 2절에 메시아는 여호와의 은혜의 해와 우리 하나님의 보복의 날을 선포한다고 하셨습니다. 예수님의 첫 번째 선포는 "회개하라 천국이 가까이 왔느니라"하는 구원과 심판의 메시지였습니다(마 4:17). 천국이 가까왔으니 회개하라는 것은 회개해서 죄를 용서 받으면 여호와의 은혜를 경험하게 되어 천국에 들어가게 되지만, 그렇지 않으면 지옥으로 가게 될 것이라는 선포입니다.

온갖 이단들의 영향도 있겠지만 풍요로움에 젖어든 현대인들은 천국을 사모하는 마음이 크지 않습니다. 영적인 영역에 관심이 없이 현실에 관심을 크게 둠으로 천국에 대해서 개념적으로는 이해하거나 받아들이는데 구체적으로 깊이 생각하거나 실감할 정도로 깊은 믿음이 있거나 사모하는 마음이 없다는 것이 현대인들의 공통적인 문제입니다. 천국은 물론 지옥에 대한 관심도 없습니다.

하나님은 사랑이시기 때문에 심판이나 지옥을 준비하지 않으실 것이라 생각하면서 그런 설교를 내심 불편해 하는 사람들이 많이 있습니다.

사람들이 좋아하건 싫어하건, 믿건 믿지 않건, 중요한 것은 천국과 지옥은 분명히 존재하고, 구원과 심판의 날이 다가오고 있다는 것입니다. 세상를 향한 예수님의 첫 번째 선포는 구원과 심판에 관한, 천국과 지옥에 관한 메시지였다는 사실을 기억하면서 우리도 종말의 긴박성을 실감하며 구원과 심판의 메시지를 전해야 합니다.

> "이 때부터 예수께서 비로소 전파하여 이르시되 회개하라 천국이 가까이 왔느니라 하시더라"(마 4:17)

말씀 실천하기

1. 신유의 능력을 믿고 기도하여 영육간에 강건한 삶을 살고 있습니까?
2. 말세를 살아가는 삶의 태도는 어때야 합니까? 무엇을 준비하며 살아야 합니까?

합심 기도하기

1. 육체의 질병과 마음의 병, 각종 약한 부분들을 고쳐 주옵소서.
2. 종말이 가까이 왔음을 인식하고 마지막 순간까지 한 영혼이라도 더 구원할 수 있는 증인의 삶을 살도록 도와 주옵소서.

06 고난 받으시는 예수

본문 말씀 사 53:1~12

이룰 목표
- 예수님의 고난은 우리의 평화와 나음과 죄 용서를 위한 것임을 알고 감사와 증인의 삶을 산다.
- 구원은 우리의 죄를 담당하신 예수님을 믿는 믿음 외에 없다는 사실을 상기한다.

말씀 살피기
- 이사야 53장 1-12절의 말씀과 베드로전서 2:24-25절의 말씀을 비교해 보세요.
- 이사야 53장 2절의 "그"는 누구를 가리키는 것일까요?

소그룹 예배 인도 순서

사도신경 다 같이
찬송 144장(통 144)
기도 회원 중
본문 말씀 사 53:1~12
새길 말씀 벧전 2:24~25
헌금 찬송 150장(통 135)
헌금 기도 회원 중
주기도문 다 같이

말씀 나누기

이사야 53장은 예수님에 대하여 상세하게 예언하고 있습니다. 예수님은 고운 모양도 없고 풍채도 없어 보기에 흠모할 만한 아름다운 것이 없다고 묘사하고 있습니다. 예수님은 멸시를 받아 사람들에게 버림받고 간고를 많이 겪는다고 예언하고 있습니다. 그는 찔리고, 상하고, 징계를 받고, 채찍에 맞을 것이라 합니다. 이 모든 일이 예수님이 우리의 죄악을 담당하셨기 때문이라고 말씀하십니다. 그리고 이것은 하나님께서 원하시는 일이고 이를 통하여 하나님의 기뻐하시는 뜻, 구원의 뜻을 성취하실 것이라 말씀하십니다.

이 예언의 말씀대로 예수님은 고난을 당하셨습니다. 세상의 죄를 담당하여 지고 가는 어린 양이 되셨습니다. 이 예언의 말씀이 어떻게 성취되었는지 살펴보도록 하겠습니다.

1. 버림받으셨습니다

이사야 53장 3절 말씀에 그는 멸시를 받아 사람들에게 버림받게 될 것이라 했습니다. 아무도 그를 귀히 여기지 않는다 하셨습니다. 말씀대로 예수님은 사람들에게 멸시 당하시고, 버림 받으셨습니다.

예수님이 병을 고치고 귀신을 내어 쫓을 때, 사람들은 열광했습니다. 가시는 곳마다 인산인해였습니다. 예수님의 말씀을 듣고 싶어서 모인 사람이 오천 명(여성과 어린이를 제외한 숫자)이 넘었습니다(마 14:13~21). 사방팔방에서 사람들이 몰려와 인명사고가 날 것을 염려하신 예수님이 작은 배를 대기시키실 정도였습니다(막 3:8~10). 예수님이 예루살렘에 입성하실 때에 사람들은 자신들의 겉옷을 길에 펴고, 나뭇가지를 베어 길에 펴고, 예수님을 따르면서 "호산나 다윗의 자손이여 찬송하리로다 주의 이름으로 오시는 이여 가장 높은 곳에서 호산나"하고 외치면서 환호했습니다(마 21:8~10).

이렇게 열광했던 사람들이 예수님을 배신합니다. 백성들은 흉악한 죄인 바라바를 놓아주고 예수님을 죽이라고 외쳤습니다(마 27:20~26). 총독은 정작 예수님을 풀어주려 했건만 얼마 전까지 호산나 외치며 예수님께 환호하던 사람들이 한순간에 돌변하여 예수님을 죽이라고 외치고 있는 것입니다. 예수님은 사람들에게 버림받으셨습니다.

예수님은 사랑하는 제자들에게도 버림 받으셨습니다. 은 삼십에 예수님을 넘겨 준 가룟 유다는 말할 것도 없고, 모든 제자가 예수님을 버리고 도망갔습니다. 베드로는 세 번이나 예수님을 모른다고 부인하고 심지어 저주까지 했습니다(마 26:74). 십자가에 달리시는 골고다 언덕에 끝까지 남은 사람은 사도 요한 한 사람 뿐이었습니다. 나머지 제자들은 모두 자기 살 길을 찾아 예수님을 버리고 도망했습니다. 예수님은 사랑하는 제자들에게도 버림받으셨습니다.

"그 때에 예수께서 제자들에게 이르시되 오늘 밤에 너희가 다 나를 버리리라 기록된 바 내가 목자를 치리니 양의 떼가 흩어지리라 하였느니라"(마 26:31)

2. 간고를 많이 겪으셨습니다

이사야 53장 3절 말씀에 그는 간고를 많이 겪으셔서 질고를 아는 자라 하셨습니다. 멸시를 당한다 하셨습니다. 또한 찔리고 상하고 채찍에 맞는다 하셨습니다. 결국 죽기까지 하신다 했습니다.

예수님은 잡히시기 전부터 고통 당하셨습니다. 환호하던 백성들이 자신을 버렸을 때, 제자 중 하나가 돈을 받고 자신을 팔았을 때, 모든 제자들이 도망갔을 때, 그는 마음의 고통을 당하셨습니다. 예수님은 우리의 마음을 잘 아십니다. 사람들에게 철저히 모욕당하고 배신당하셔서 관계 때문에 힘든 우리의 마음을 잘 아십니다.

예수님은 채찍질 당하셨습니다. 병사들이 옷을 벗기고 홍포를 입히고 가시면류관을 씌우고 갈대를 그 손에 들게 하며 예수님을 희롱했습니다. 침을 뱉고 머리를 치며 희롱했습니다(마 27:26~30). 결국 십자가에 죽기까지 하셨습니다(마 27:35).

채찍에 맞는 아픔과 가시 면류관으로 인한 고통을 체휼하시면서 우리의 아픔을 아시고 죽음의 공포까지도 아시며 사람들로부터 받는 모멸감과 상처를 잘 아시는 분이 우리 예수님이십니다(히 4:15). 예수님은 말씀에 예언된 대로 우리의 질고를 지고 우리의 슬픔을 당하셨습니다(사 53:4).

"이르시되 엘리야가 과연 먼저 와서 모든 것을 회복하거니와 어찌 인자에 대하여 기록하기를 많은 고난을 받고 멸시를 당하리라 하였느냐"(막 9:12)

3. 죄를 담당하셨습니다

하나님께서는 우리 모두의 죄악을 그에게 담당시키셨습니다(사 53:6). 가시와 창에 찔리고 징계를 받고 채찍에 맞는 것도 우리의 죄악 때문이고 우리에게 평화를 주시기 위함이며 우리가 나음을 받기 위함입니다(사 53:5).

말씀대로 예수님은 우리의 모든 죄악을 짊어지시고 고난당하시며, 십자가에서 돌아가셨습니다. 그릇 행하여 제 길로 가는 양 같은 우리를 위하여 그는 도수장으로 끌려가는 잠잠한 어린 양같이 되셨습니다. 그래서 요한은 세례 받으시려 오시는 예수님을 보며 "세상 죄를 지고 가는 하나님의 어린양"이라고 했습니다(요 1:29). 예수님은 우리의 모든 죄를 담당하고 짊어지시고 죽으신 것입니다.

예수님은 속건제물로 드려진 것입니다. 죄와 허물을 씻기 위한 제사의 제물로 드려진 것입니다. 히브리서 9장 28절에 "이와 같이 그리스도도 많은 사람의 죄를 담당하시려고 단번에 드리신바 되셨고 구원에 이르게 하기 위하여 죄와 상관없이 자기를 바라는 자들에게 두 번째 나타나시리라"고 하셨습니다. 로마서 3장 25절에서는 하나님이 예수님을 화목제물로 세우셨다 하셨습니다.

예수님은 우리의 모든 죄를 담당하시고 십자가에서 죽으셨습니다. 그래서 우리가 구원 받은 것입니다. 이제는 구원받은 성도로서 우리를 대신하여 사람들에게 버림받고, 간고를 겪으시고 죽으신 예수님을 찬양하며 증거하는 삶을 살아야 하겠습니다.

"이튿날 요한이 예수께서 자기에게 나아오심을 보고 이르되 보라 세상 죄

를 지고 가는 하나님의 어린 양이로다"(요 1:29)

말씀 실천하기

1. 좋을 때나 힘들 때나 언제든지 주님을 따르는 삶을 살고 있습니까?
2. 십자가에서 죽으신 주님의 은혜를 감사하며, 감사를 구체적으로 어떻게 표현하겠습니까?

합심 기도하기

1. 구원의 은혜에 대한 감사와 그 은혜를 전하고자 하는 마음을 주옵소서.
2. 죄 짓지 않고 성결한 삶을 살도록 힘을 주옵소서.

07 부활하신 예수

본문 말씀 시 16:9~10

이룰 목표
- 부활의 증인된 삶을 산다.
- 부활의 소망으로 담대하고 감사한 삶을 산다.

말씀 살피기
- 시편 16편 9~10절의 말씀과 사도행전 2장 31절의 말씀을 비교해 보세요.
- 부활의 첫 열매의 의미가 무엇인지 생각해 보세요.

소그룹 예배 인도 순서

사도신경 다 같이
찬송 159장(통 149)
기도 회원 중
본문 말씀 시 16:9~10
새길 말씀 눅 24:6
헌금 찬송 161장(통 159)
헌금 기도 회원 중
주기도문 다 같이

말씀 나누기

베드로는 시편 16편 10절을 인용하면서 예수님의 부활 설교를 합니다. 개역개정판 성경은 시편 16장 10절을 "멸망시키지 않으실" 것이라 번역했지만 개역한글판 성경은 "썩지 않게 하실" 것이라 했습니다. 베드로는 이 구절을 다윗이 예수님의 부활을 예언한 것이라고 소개하고 있습니다(행 2:31). 구약 성경에 "부활"이라는 단어가 나오지 않지만 영혼을 멸망시키거나 썩지 않도록 하실 것이라는 예수님 부활에 대한 예언을 다윗이 했던 것입니다. 다윗의 예언대로 예수님은 부활하셨습니다.

1. 예수님이 부활을 말씀하셨습니다

예수님이 돌아가시고 무덤에 장사되자 대제사장들과 바리새인들이 빌라도 앞에 모여 예수님의 부활을 걱정하는 장면이 마태복음 27장 63절에 나옵니다. 예수님이 살아계실 때에 죽음 이후 삼일 만에 부활할 것이라 말씀하신 것을 기억한다고 했습니다. 그러므로 군사를 동원하여 무덤 문을 삼일 동안 굳게 지켜 누가 시체를 훔쳐가거나 유언비어가 퍼지지 않도록 해 달라고 빌라도에게 부탁을 합니다.

믿지 않는 바리새인과 대제사장들이 기억하고 있을 만큼 예수님은 부활에 대하여 충분히 말씀하셨습니다. 십자가에 못 박히지만 삼일 만에 부활하실 것이라고 말씀하셨습니다. 요나의 표적을 말씀하시면서 요나가 사흘 동안 큰 물고기 뱃속에 들어 있었던 것처럼 예수님도 밤낮 사흘 동안 땅 속에 있을 것이라고 말씀하셨습니다(마 12:39~40).

예수님의 부활 말씀을 기억하고 있던 바리새인들과 제사장들이 있었던 반면 제자들을 비롯한 많은 사람들이 이 말씀을 기억조차 하지 못하고 있었습니다. 그래서 여인들이 예수님의 빈 무덤에 찾아갔을 때 천사가 예수님의 부활을 전하며 갈릴리에서 어떤 말씀하셨는지를 기억하라고 합니다. 부활은 부활절을 위한 절기행사가 아닙니다. 우리가 절대적으로 소망하고 믿으며 항상 기억하고 생각해야 하는 것입니다.

"예수께서 이르시되 나는 부활이요 생명이니 나를 믿는 자는 죽어도 살겠고 무릇 살아서 나를 믿는 자는 영원히 죽지 아니하리니 이것을 네가 믿느냐"(요 11:25~26)

2. 예수님이 부활하셨습니다

안식 후 첫 날, 즉 지금 주일이라 부르는 일요일 새벽에 막달라 마리아가 다른 마리아와 함께 무덤을 보려고 갔습니다. 그 때 큰 지진이 일어나고 천사가 하늘로부터 내려와 무덤 입구의 큰 돌을 굴려내고 그 위에 앉는 것을 보았습니다. 그 형상이 번개 같고, 눈처럼 흰 옷을 입고 있었는데, 무덤을 지키던 병사들이 그를 무서워하고 떨며 죽은 사람들 같이 되었습니다. 천사는 여자들에게 예수님이 평소 말씀하시던 대로 살아나셨다고 말합니다(마 28:1~6).

예수님은 예언하신 대로, 말씀하시던 대로 부활하셔서 구원을 완성하셨습니다. 부활의 첫 열매가 되심으로 사람들의 부활의 길을 열어주셨습니다. 사람들이 가장 두려워하는 죽음을 이기고 부활하심으로 모든 사람들에게 죽음을 극복하고 천국백성이 되는 소망을 주셨습니다. 우리의 구원이 완성되었습니다. 영생의 길을 여셨습니다.

"그러나 이제 그리스도께서 죽은 자 가운데서 다시 살아나사 잠자는 자들의 첫 열매가 되셨도다"(고전 15:20)

3. 소식을 널리 알려야 합니다

예수님의 부활을 여자들에게 알린 천사가 또 말하기를 빨리 가서 그 제자들에게 예수님 부활의 소식을 알리라고 했습니다. 그 말씀을 따라 여자들이 큰 기쁨으로 제자들에게 부활 소식을 알리려고 달려갔습니다(마 28:7~8).

제자들에게 예수님 부활의 기쁜 소식을 알리려고 여자들이 달려갈 때, 무덤을 지키던 경비병들은 성으로 달려가 대제사장들에게 이 사건을 알렸습니다. 장로들과 대제사장들이 함께 의논하고는 군인들에게 돈을 많이 주고는 밤중에 제자들이 예수님의 시체를 훔쳐갔다는 소문을 내라고 명합니다. 이들의 헛소문은 유대인들에게 널리 퍼져나갔다고 했습니다(마 28:11~15). 하지만 감춘다고 감추어질 소식이 아닙니다. 부활의 소식은 지금 유대인을 넘어 전 세계에 퍼져서 수많은 사람들이 부활의 기쁨에 동참하고 있습니다. 부활의 소식은 아직도 더 많이 더 멀리 퍼져야 합니다. 널리 힘써 알려야 합니다. 빨리 알려야 합니다.

누군가에게 부활은 기쁨의 소식이고, 누군가에게 부활은 믿기 어렵고 두려운 소식입니다. 부활은 구원의 완성인데, 반대로 믿지 않는 자들에게는 심판의 완성이라는 말입니다. 부활의 기쁜 소식을 널리 알려 더 많은 이들이 구원의 기쁨을 가질 수 있도록 해야 합니다. 부활의 소식을 믿지 않으려는 사람들이 많이 있습니다. 싫어하고 두려워하는 사람들이 많이 있습니다. 힘써 부활의 소식을 전해야 하겠습니다.

"사도들이 큰 권능으로 주 예수의 부활을 증언하니 무리가 큰 은혜를 받아" (행 4:33)

말씀 실천하기

1. 부활의 소망으로 담대하고 감사한 삶을 살고 있습니까?
2. 말씀을 따라 부활을 증거하는 증인의 삶을 살고 있습니까?

합심 기도하기

1. 말세임을 알아 부활의 소망으로 인내하고 승리하는 믿음을 주옵소서.
2. 가족과 이웃에게 부활의 주님을 증거하여 더 많은 영혼이 구원받게 하소서.

인자가 온 것은 섬김을 받으려 함이 아니라

도리어 섬기려 하고 자기 목숨을 많은 사람의

대속물로 주려 함이니라(마가복음 10:45)

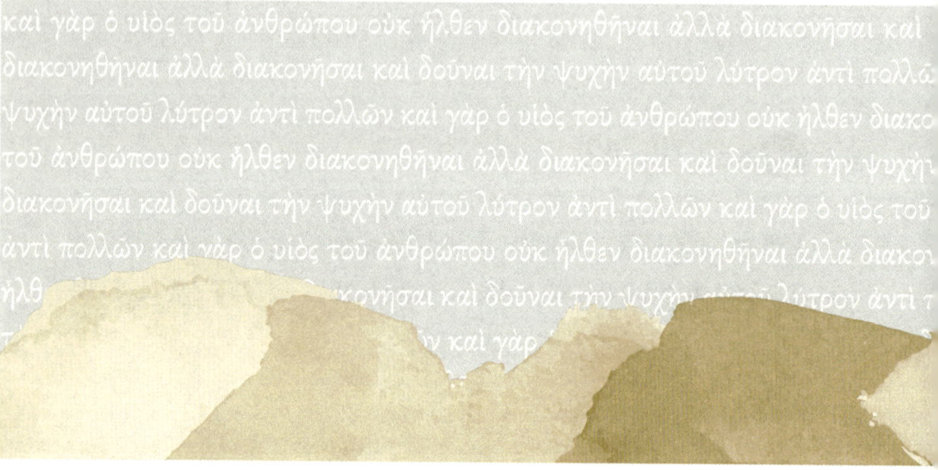

예수 그리스도의 생애

PART 2

01 인간으로 오신 예수

본문 말씀 눅 1:26~38

이룰 목표
- 하나님으로서 육체를 입고 오신 예수님을 안다.
- 순종하는 부모를 통해 오신 예수님을 안다.

말씀 살피기
- 천사 가브리엘이 누구를 찾아갔습니까?(26-27절)
- 예수님은 어떻게 잉태되셨습니까?(35절)
- 마리아는 어떻게 반응했습니까?(37-38절)

소그룹 예배 인도 순서

사도신경 다 같이
찬송 121장(통 121)
기도 회원 중
본문 말씀 눅 1:26~38
새길 말씀 눅 1:37
헌금 찬송 26장(통 14)
헌금 기도 회원 중
주기도문 다 같이

말씀 나누기

아담의 불순종으로 죄가 세상에 들어왔고, 그로 인해 불행이 시작되었습니다. 사람들은 행복하기 위해 노력하지만 행복 할 수 없었습니다. 왜냐하면 범죄 이후 우리 안에 있는 죄의 성질(욕망) 때문입니다. 죄 문제를 해결해야 하지만 죄인인 우리는 스스로 해결할 수 없습니다(롬3:10, 3:23). 그래서 하나님은 죄로 인해 나타난 인생의 문제를 해결하시기 위해 독생자 예수를 이 세상에 보내셨습니다.

본문을 통해 예수님이 어떻게 이 세상에 오셨는지 알아보고자 합니다.

1. 하나님은 정하신 때에 예수님을 보내셨습니다(26절)

"엘리사벳이 잉태한 지 여섯째 달에"라는 말씀은 요한이 잉태된 지 6개월 후에 예수님을 잉태케 하셨다는 말씀입니다. 요한은 예수님의 길을 예비하기 위해 보냄 받은 선지자입니다(사 40:3; 마 3:3). 이는 하나님이 정하신 때에 예수님을 보내셨다는 의미입니다.

하나님은 모든 것을 준비하시고 예수님을 보내셨습니다. 종교적으로 사람들은 각종 신들을 섬기며 행복을 찾고 있었습니다. 황제들은 자칭 신이라 하며 사치를 일삼고, 사람들을 노리개로 삼아 몹쓸 짓을 행하고, 유대 종교지도자들은 율법에 매어 자기들도 행하지 못하는 것을 사람들에게 강요하였습니다.

사회적으로 세 사람 중 두 사람은 노예였고, 잦은 전쟁으로 물자가 부족하니 지나친 세금으로 백성들의 삶은 힘들었으며, 지배층의 사람들은 극도로 타락했습니다. 의식 있는 이들은 절망스런 세상에 희망이 될 구세주를 갈망하고 있었던 때입니다.

또한 '지리적으로' 복음이 세계로 전해질 수 있는 길이 준비되었습니다. 로마는 북 아프리카와 유프라테스강 유역(전 파사제국 영토) 그리고 유럽의 반을 점령하고, 점령지마다 도로를 건설하고 헬라어를 사용하도록 함으로 복음이 빠른 속도로 전해질 수 있는 환경을 만들었습니다.

하나님은 하나님이 정하신 때(갈 4:4), 정하신 장소에서(미 5:2) 동정녀의 몸을 통해(사 7:14) 예수님을 보내셨습니다.

"이는 한 아기가 우리에게 났고 한 아들을 우리에게 주신 바 되었는데 그의 어깨에는 정사를 메었고 그의 이름은 기묘자라, 모사라, 전능하신 하나님이라, 영존하시는 아버지라, 평강의 왕이라 할 것임이라"(사 9:6)

2. 성령으로 잉태되셨습니다(35절)

하나님은 이사야 선지자를 통해 메시야 탄생을 예언하셨습니다. "그러므로 주께서 친히 징조를 너희에게 주실 것이라 보라 처녀가 잉태하여 아들을 낳을 것이요 그의 이름을 임마누엘이라 하리라"(사 7:14)

처녀를 통해 오신 데는 이유가 있습니다. 메시야로서 인류의 죄 값을 지불하려면 죄가 없어야만 합니다. 아담으로부터 죄가 세상에 들어왔기 때문에 인간적인 방법으로 출산하는 모든 사람은 죄인입니다. 그렇기에 하나님은 성령님을 통해 마리아의 태중에 죄 없으신 예수님을 잉태하게 하셨습니다. 히브리서 기자는 "우리에게 있는 대제사장은 우리의 연약함을 동정하지 못하실 이가 아니요 모든 일에 우리와 똑같이 시험을 받으신 이로되 죄는 없으시니라."(히 4:15)고 증언합니다. 성령으로 잉태되어 이 땅에 오신 예수님, 죄 없이 죄인처럼 고난당하시고 죄인들인 우리를 위해 십자가에 죽으셨습니다. 이제 예수님을 메시야로 믿고 영접하는 사람은 성령으로 거듭나 하나님의 자녀가 됩니다(요 3:5).

"그는 강포를 행하지 아니하였고 그의 입에 거짓이 없었으나 그의 무덤이 악인들과 함께 있었으며 그가 죽은 후에 부자와 함께 있었도다"(사 53:9)

3. 예수님은 순종하는 부모를 통해 오셨습니다(37~38절)

생리학적으로 처녀는 아이를 낳을 수 없습니다. 그렇기에 마리아도 천사의 말을 듣고 놀랐습니다. 의심하는 마리아에게 천사는 성령이 너를 덮으실 것이고 아들을 낳게 될 것이라고 했습니다. 여전히 의심하는 마리아에게 나이 많아 아이를 가질 수 없는 엘리사벳이 임신한 사실을 알리며 하나님의 말씀은 능치 못함이 없다 하시니 그때서야 마리아는 주의 말씀대로 자신에게 이루어질 것을 믿음으로 받아들였습니다(38절). 말씀에 순종한 마리아는 앞으로 어떤 위기가 닥칠지 알 수 없지만 무조건 순종했습니다.

또한 마리아와 정혼한 요셉은 자기와 잠자리를 같이하지 않은 마리아가 임신했다는 소식에 충격을 받습니다. 그러나 그는 인격적인 사람이라 비밀리에 파혼하고자 할 때 주의 사자가 마리아에게 잉태된 아이는 성령으로 잉태된 아이로서 장차 이 백성을 죄에서 구원할 자임을 알려줍니다. 이에 요셉은 조금도 의심하지 않고 하나님이 보내신 천사의 말에 순종하여 마리아를 아내로 맞아들입니다(마 1:18~25).

말씀에 철저히 순종하는 부모 아래서 자란 예수님은 부모에게 순종하는 아이로 자랐습니다(눅 2:51). 아버지의 말씀에 순종하여 십자가에서 대속의 사명을 온전히 감당하셨습니다(빌 2:5~8).

"그가 우리를 위하여 목숨을 버리셨으니 이로써 사랑을 알고 우리도 형제들을 위하여 목숨을 버리는 것이 마땅하니라"(요일 3:16)

말씀 실천하기

1. 인간으로 오신 예수님을 생각한다면 어떻게 살아야 합니까?
2. 말씀에 순종한 요셉과 마리아를 보며 우리는 어떻게 살아야 합니까?

합심 기도하기

1. 예수님처럼 낮은 곳에서 섬기며 살게 하소서.
2. 요셉과 마리아처럼 온전히 순종하여 자녀들에게 본을 보이게 하소서.

02 부모에게 순종하시는 예수

본문 말씀 눅 2:41~52

이룰 목표
- 말씀에 순종하는 경건한 가정의 중요성을 깨닫는다.
- 어려서 순종의 삶이 평생 순종의 삶으로 이어짐을 깨닫는다.

말씀 살피기
- 예루살렘을 방문한 목적은 무엇입니까?(41~42절)
- 예수님은 성전에서 무엇을 하고 있었습니까?(46절)
- 예수님의 성장의 모습은 어떠했습니까?(51~52절)

소그룹 예배 인도 순서

사도신경 다 같이
찬송 89장(통 89)
기도 회원 중
본문 말씀 눅 2:41~52
새길 말씀 눅 2:51
헌금 찬송 23장(통 23)
헌금 기도 회원 중
주기도문 다 같이

말씀 나누기

본문은 예수님의 탄생 과정과 어린 시절을 가장 자세히 분명하게 기록하고 있는데, 오직 누가복음에만 기록되어 있습니다. 누구나 경험할 수 있는 평범한 사건이지만 하나님의 아들이신 예수님이 인간으로 오셔서 어떻게 어린 시절을 보냈는가를 보여주는 중요한 자료입니다.

본문에서 예수님의 성장과정을 통해 어떻게 순종하셨는지를 배우고자 합니다.

1. 경건한 가정에서 자라셨습니다(41~42절)

이스라엘 백성 중 성인 남자는 절기를 지키기 위해 예루살렘 성전으로 가야했습니다(출

23;14-17; 신 16:16). 포로시대 이후 각 나라에 흩어진 유대인들이 성전을 찾기란 쉽지 않았습니다. 그러나 최소한 팔레스타인 지역에 거주하는 유대인들은 모두 참석하도록 했습니다. 원래 율법은 남자들만 예루살렘을 방문하도록 명령했으나 랍비 힐렐이 여자들도 유월절에 참여하도록 가르침으로 여자들도 예루살렘을 방문하게 되었습니다.

요셉과 마리아는 유월절을 지키기 위해 성전을 찾았습니다. 어린이들은 13살 성년식을 치른 이후 율법의 아들이 되면서 회당의 회원이 되며, 절기 예식에 참여할 의무가 주어졌습니다. 이스라엘의 어린이들은 성년식 때 어떻게 행동해야 되는지를 배우기 위해 1~2년 전부터 예루살렘에 올라가곤 했습니다. 예수님이 12살에 예루살렘으로 올라간 것도 이런 이유 때문이었다고 생각됩니다. 요셉과 마리아는 하나님의 법도를 잘 지켜 행하는 순종의 사람이었기에 경건한 가정을 이루고 하나님의 법도를 따라 생활했을 것입니다. 예수님도 어려서부터 경건한 가정에서 말씀대로 가르침을 받으며 자라셨습니다. 우리도 경건한 가정을 세우고 자녀들을 어려서부터 말씀대로 양육하면 예수님을 닮은 일꾼이 될 수 있습니다.

"너의 가운데 모든 남자는 일 년에 세 번 곧 무교절과 칠칠절과 초막절에 네 하나님 여호와께서 택하신 곳에서 여호와를 뵈옵되 빈손으로 여호와를 뵈옵지 말고"(신 16:16)

2. 어려서부터 하나님을 아버지라 부르셨습니다(46~49절)

유월절 예식을 마치고 집으로 돌아오는 첫 날, 하루 길을 걸어 가족들이 잠자리에 들기 전 예수가 무리 중에 없다는 사실을 알게 되고 놀란 가족들은 오던 길을 되짚어 찾아봅니다. 사흘 후에 성전에 도착해 보니 예수는 랍비들과 앉아 하나님의 말씀을 듣기도 하고 묻기도 하고 있었습니다. 이때 사람들은 예수님의 답변을 놀랍게 여겼습니다. "놀랍게 여겼다"는 말의 뜻은 '눈이 튀어나올 정도로 놀라다.'입니다. 특히 이 말은 놀란 상태가 계속적이고 반복적임을 나타내고 있습니다. 부모도 놀랐는데 이때 사용한 단어는 앞의 단어와 다른 단어로 '내려치다.'라는 뜻을 가지고 있어, 큰 충격을 받았음을 보여주고 있습니다.

요셉과 마리아는 어린 예수를 책망하며 "아이야 어찌하여 우리에게 이렇게 하였느냐 보라 네 아버지와 내가 근심하여 너를 찾았노라"하니 예수는 "어찌하여 나를 찾으셨나이까 내가 내 아버지 집에 있어야 될 줄을 알지 못하셨나이까?"라고 답하셨습니다(48~49절). 부모는 유대인들이 모두 하나님을 아버지라고 부르듯이 부르는 줄 알았습니다. 하나님의 독생자로서 아버지라고 부르고 있다는 사실을 깨닫지 못했습니다(50절).

예수님이 하나님의 아들이심은 세례를 받으실 때 하나님께서 확인해 주셨고, 공생애 기간 동안 자신이 하나님의 아들이심을 공공연히 말씀하셨습니다. 그러나 본문의 예수님은 어려서부터 자신이 하나님의 아들임을 알고 계셨음을 알려주고 있습니다.

"육에 속한 사람은 하나님의 성령의 일들을 받지 아니하나니 이는 그것들이 그에게는 어리석게 보임이요, 또 그는 그것들을 알 수도 없나니 그러한 일은 영적으로 분별되기 때문이라"(고전 2:14)

3. 어려서부터 순종하셨습니다(51~52절)

아담의 범죄 이후 모든 사람들이 죄를 범했다는 말은 하나님의 말씀에 불순종했다는 말입니다. 그러나 예수님은 어려서부터 순종하셨습니다(51절). '순종하여 받드셨다'는 말은 일회성이 아니라 부모와 함께 지내는 동안 항상 순종하는 자세를 가졌음을 나타내는 말입니다.

예수님은 목수였던 아버지를 도왔습니다. 손에 굳은살이 박이도록 일을 했을 것이며, 찜통더위에 힘들어 지치고 피곤하여 쉬고 싶을 때도 있었을 것입니다. 다른 사람의 일을 맡아 하고 삯을 제대로 받지 못한 때도 있었을 것입니다. 다른 친구들이 도시로 나갈 때 그곳을 떠나고 싶은 마음이 있었을 것입니다. 예수님도 순종하기 어려운 때도 있었을 것입니다. 그러나 30여 세에 사역을 시작하기까지 한 번도 부모의 말에 토를 달거나, 이유를 달아 피하거나, 부모의 마음을 아프게 하는 일이 없었습니다(참고: 진 에드워드 〈블루칼라 예수〉, 미션월드, 2005년).

순종하셨던 예수님은 우리와 같이 건강하고 지혜롭게 자랐으며 하나님과 사람에게 사랑을 받았습니다(52절). 예수님은 하나님의 아들임을 어려서부터 알고 계셨지만 부모를 무시하거나 함부로 대하지 않았습니다. 남녀노소, 빈부귀천을 막론하고 모든 사람을 존중하며 사랑으로 대했습니다. 그렇기에 하나님께만 아니라 사람들에게 사랑받는 분이었습니다.

"너희가 즐겨 순종하면 땅의 아름다운 소산을 먹을 것이요"(사 1:19)

말씀 실천하기

1. 경건한 가정을 세우기 위해 무엇을 해야 합니까?
2. 순종하기 위해 버려야 할 것은 무엇입니까?

합심 기도하기

1. 예수님의 가정처럼 경건한 신앙의 명문가를 세우게 하소서.
2. 말씀에 순종하는 본을 보여 자녀들도 순종하는 자 되게 하소서.

03 시험을 이기신 예수

본문 말씀 눅 4:1~13

이룰 목표
- 시험은 누구에게나 오는 것임을 알고 당당하게 대처한다.
- 말씀으로 시험을 이길 수 있음을 알고 날마다 말씀을 묵상한다.

말씀 살피기
- 첫째 시험은 무엇이며 예수님은 어떤 말씀으로 이기셨습니까?(2~4절)
- 둘째 시험은 무엇이며 예수님은 어떤 말씀으로 이기셨습니까?(5~8절)
- 셋째 시험은 무엇이며 예수님은 어떤 말씀으로 이기셨습니까?(9~12절)

소그룹 예배 인도 순서

사도신경 다 같이
찬송 205장(통 236)
기도 회원 중
본문 말씀 눅 4:1~13
새길 말씀 눅 4:8
헌금 찬송 50장(통 71)
헌금 기도 회원 중
주기도문 다 같이

말씀 나누기

예수님이 40일 금식으로 약해 있을 때 마귀는 예수님을 유혹했고 예수님은 그 유혹을 단호하게 물리치셨습니다. 예수님이 받은 시험은 모든 사람에게 찾아오는 시험이고 누구든 쉽게 빠질 수 있는 시험입니다. 예수님을 시험한 세 가지 중 첫째는 인간에게 가장 기본적인 먹는 문제 혹은 물질이 최고임을 입증하려는 시험입니다. 둘째는 하나님의 아들임을 증명해보라는 것입니다. 마지막은 마귀가 사람들에게 자신이 주인임을 하나님의 아들을 통해 인정받기 원했던 시험입니다.

본문을 통해 시험을 물리친 예수님의 지혜

를 배워 어떤 시험이든 이길 수 있는 성도가 되기를 바랍니다.

1. 예수님은 마귀의 시험을 말씀으로 물리치셨습니다(2~12절)

40일 금식하신 예수님께 "돌로 떡을 만들어 보라"는 시험은 육적인 만족을 통해 영적인 필요를 축소시키려는 의도를 가진 시험이었습니다. 이에 예수님은 "사람이 떡으로만 살 것이 아니라 하나님의 입으로 나오는 모든 말씀으로 살 것이니라"(신 8:3) 하시며 유혹을 물리치셨습니다.

사람은 육신의 만족만 아니라 영혼을 만족시켜야 하는데, 우리의 영혼을 만족시킬 수 있는 것은 오직 하나님의 말씀이기 때문입니다.

마귀는 시편 91편 11~12절을 인용하며 "네가 하나님의 아들이라면 뛰어내려 보라"고 합니다. 하나님이 약속하셨으니 그 약속을 믿고 하나님의 아들임을 증명해 보이라고 합니다. 이는 예수님을 시험함과 동시에 하나님의 존재를 사람들 앞에 입증해 보이라는 시험이었습니다. 예수님은 마귀의 속셈을 간파하시고 "주 너의 하나님을 시험하지 말라"시며 마귀를 물리치십니다.

하나님은 우리가 있다 해서 있는 분이고 우리가 없다 해서 없는 분이 아닙니다. 하나님은 스스로 계신 분입니다. 어느 누구의 증거도 필요치 않은 분입니다.

또한 "마귀는 자신에게 절하기만 하면 천하만국을 주겠다"고 합니다. 마귀는 모든 것이 자기 것처럼 말하지만 실은 하나님께로부터 받은 것임을 고백합니다(6절). 예수님은 "주 너의 하나님께 경배하고 다만 그를 섬기라 하였느니라"고 말씀하시며 마귀의 제안을 거절하셨습니다. 이렇게 거절하신 이유는 진정한 주인이 하나님이시며, 마귀에게 절하면 모든 것을 얻는 것처럼 보이지만 실상은 모든 것을 잃는다는 것을 아셨기 때문입니다.

그러므로 말씀 안에서 오직 하나님만 경외하고 섬겨야 합니다. 예수님과 같이 하나님의 뜻을 알고 순종할 때 사단의 유혹을 이기고 하나님 자녀로서 바른 삶을 살게 됩니다.

"사람이 시험을 받을 때에 내가 하나님께 시험을 받는다 하지 말지니 하나님은 악에게 시험을 받지도 아니하시고 친히 아무도 시험하지 아니하시느니라 오직 각 사람이 시험을 받는 것은 자기 욕심에 끌려 미혹됨이니"(약 1:13~14)

2. 마귀는 교활하지만 예수님은 탁월하십니다(3~12절)

마귀는 말씀을 우리보다 잘 알고 있지만 그 말씀을 선하게 사용하지 않고 예수님을 넘어뜨리고자 하는 데 사용하고 있습니다. 마귀는 속이는 자로, 아담과 하와를 속였듯이 예수님도 속이기 위해 접근했습니다. 예수님이 인간으로 오셨기에 속일 수 있을 것이라 생각했습니다.

마귀는 말씀을 인용하면서 자신이 세상을 통치하기 위해 심어놓은 세상의 가치로 예수님을 넘어뜨리려 했습니다.

그러나 하나님의 아들로서 탁월하신 예수님은 하나님이 말씀하시는 하나님나라 가치로 마귀의 교활함을 물리치셨습니다.

마귀는 세상이 가장 중요하게 여기는 육신의 문제를 해결해보라고 합니다. 그러나 예수님은 사람의 진짜 생명은 육이 아니라 영에 있음을 아셨기에 영을 살리기 위해서 하나님의 말씀이 필요하다 하셨습니다.

마귀는 자기 마음대로 세상을 움직일 수 있는 권세로 예수님을 자기의 수하에 넣으려 합니다. 그러나 하나님의 아들이신 예수님은 마귀의 이런 간계를 아시고 세상의 주권자는 오직 한 분 하나님이심을 밝혔습니다.

마귀는 말씀을 우리의 필요에 따라 적용하며 하나님을 움직여보라고 합니다. 그러나 예수님께서는 하나님은 시험의 대상이 아니라 자신의 뜻에 따라 일하시는 분임을 선포하셨습니다.

교활한 마귀를 말씀의 지혜로 이기신 것처럼 우리도 말씀으로 훈련되어 질 때 모든 유혹에서 이겨 낼 수 있습니다.

"사람이 먼저 강한 자를 결박하지 않고는 그 강한 자의 집에 들어가 세간을 강탈하지 못하리니 결박한 후에야 그 집을 강탈하리라"(막 3:27)

3. 마귀는 쉬지 않지만 예수님을 이길 수 없습니다(13절)

오늘날 변종 바이러스인 슈퍼 바이러스로 인해 사람들이 치명타를 입고 있습니다. 그렇듯이 오늘날 마귀도 색다른 모습으로 우리에게 접근해 옵니다.

오늘날 우리 현실에서는 굶주림 때문에 시험에 드는 것이 아니라 식탐에 의해 시험에 듭니다. 먹고 마시는 것, 물질로 만족을 얻으려 하지 말고 "하나님의 입으로 나오는 모든 말씀으로 살 것" 이라 고백할 수 있어야 합니다.

오늘날 사람들은 스마트폰을 비롯하여 각종 게임들과 스포츠를 경배합니다. 그것들이 우리에게 모든 것을 줄 수 있는 것처럼 선전하지만 결국 모든 것을 잃게 됩니다. 잠시도 다른 것들에게 하나님의 자리를 내어주지 말고 오직 하나님만 경배해야 합니다.

내가 원하는 대로 되지 않을 때 짜증이 나거나 화가 난다면 이는 내가 주인임을 나타내는 것으로, 마귀의 속임수에 넘어간 증거입니다. 하나님을 주인으로 인정하는 사람은 약속의 말씀을 믿고 기다려야 합니다. 내가 원하는 대로 적용하거나 판단하지 말고 기다려야 합니다.

예수님을 넘어뜨리려 했던 마귀는 지금도 성도들을 미혹하기 위해 쉬지 않지만(벧전 5:8) 탁월하신 예수님을 의지하는 사람은 반드시 승리합니다(롬 8:35~39).

"그러므로 함께 하늘의 부르심을 받은 거룩한 형제들아 우리가 믿는 도리의 사도이시며 대제사장이신 예수를 깊이 생각하라"(히 3:1)

말씀 실천하기

1. 하나님 나라의 가치관을 갖기 위해 어떻게 해야 합니까?
2. 사탄의 시험을 이기기 위해 할 일은 무엇입니까?

합심 기도하기

1. 하나님 나라 가치관으로 무장하게 하소서.
2. 어떤 문제를 만나든 말씀 안에서 답을 찾게 하소서.

04 완전한 사랑을 가르치신 예수

본문 말씀 눅 6:27~36

이룰 목표
- 하나님의 자녀로서 원수도 사랑하며 산다.
- 관심의 초점을 자기중심에서 하나님 중심으로 옮긴다.

말씀 살피기
- 어떻게 하는 것이 원수를 사랑하는 것입니까?(27~30절)
- 상을 받으려면 어떻게 해야 합니까?(35절)
- 아버지 하나님의 어떤 점을 본받으라 하십니까?(36절)

소그룹 예배 인도 순서

사도신경 다 같이
찬송 220장(통 278)
기도 회원 중
본문 말씀 눅 6:27~36
새길 말씀 눅 6:31
헌금 찬송 218장(통 369)
헌금 기도 회원 중
주기도문 다 같이

말씀 나누기

사람들은 자기 생각으로 옳고 그름을 판단합니다. 그러나 오늘 주님은 하나님의 자녀로서 살아가야 할 기준을 제시하셨습니다. 법을 무시하고 자기기준으로 사는 사람은 언젠가는 법의 심판을 받게 됩니다.

하나님이 세우신 기준을 모른 채 자기만족과 자기합리화로 사는 사람도 주님 앞에 서는 날 심판을 면치 못할 것입니다. 예수님이 제시한 기준은 믿지 않는 사람이 지키기는 어려운 기준이지만 성령으로 거듭난 하나님의 자녀들에게는 쉬운 일입니다.

말씀을 통해 주님이 제시한 성도의 기준을

정확하게 알고 신앙이 한 걸음 성장하는 계기가 되기를 바랍니다.

1. 원수를 사랑하라 하십니다(27~31절)

원수를 사랑하고 미워하는 자에게 선을 베풀라고 하신 주님의 말씀은 원수를 미워하라고 가르친 서기관들의 가르침과는 다릅니다(마 5:43). 서기관의 가르침에 익숙해 있던 당시 유대인들에게는 굉장한 충격이었습니다. 이는 세상 가치를 가지고 있는 우리에게도 충격입니다. 구약에서 이미 원수에게 선을 베풀 것을 말씀했습니다(출 23:22; 레 19:18). 예수님은 한 걸음 더 나아가 원수를 사랑하라 하십니다. 예수님은 한 사람도 멸망치 않고 모든 사람이 구원받기를 바라시는 하나님 아버지의 마음을 아셨습니다.

예수님은 원수를 어떻게 사랑해야 하는지 구체적으로 말씀하셨습니다. 빰을 때리는 것은 상대방을 가장 모욕하는 행위입니다. 그러나 모욕하는 자를 위하여 기도할 뿐 아니라 다른 빰도 돌려대라 하십니다. 겉옷을 달라 하는 자에게 속옷까지 주라 하십니다(29~30절).

이 말씀을 듣는 사람들은 아마 당시 폭행과 강탈을 일삼았던 로마인들을 떠올렸을 것입니다. 주님은 그런 로마인들도 사랑하라 하십니다. 36년여 년 동안 우리를 압제했던 일본사람들, 사람을 인간 이하로 취급했던 저들을 사랑하라 하십니다.

사람들은 누구나 사랑받기 원하고 대접받기 원합니다. 그렇듯이 유대인들을 핍박했던 로마인이나 한국인을 핍박했던 일본 사람들도 역시 사랑이 필요한 사람들입니다.

주님이 십자가 위에서 말씀하셨듯이 로마인들도 일본인들도 자기들이 하고 있는 일이 얼마나 악한 일인지 잘 몰랐습니다. 그렇기 때문에 예수님은 저들을 용서하고 사랑함으로 하나님의 사랑을 전하기 원하십니다(31절).

"네 원수가 주리거든 먹이고 목마르거든 마시게 하라 그리함으로 네가 숯불을 그 머리에 쌓아 놓으리라"(롬 12:20)

2. 세상과 다른 기준을 제시하십니다(32~34절)

세상 사람들은 자기를 사랑하는 사람들을 사랑하고, 자기에게 선하게 대하는 사람에게 선하게 대합니다. 사람들은 받기를 바라고 꾸어주는 것을 당연하게 생각합니다. 받기를 바라지 않고 꾸어주는 사람은 제정신이 아니라고 생각합니다. 이렇게 사는 것이 당연합니다. 이런 원칙대로 산다면 큰 어려움은 없을 것입니다.

그러나 주님은 이 원칙에 한계가 있다고 보셨습니다. 왜냐하면 이런 기본적인 원칙에서 벗어나 사는 사람들이 너무 많기 때문입니다. 까닭없이 시기하고 미워하는 사람, 다른 사람들에게 상처 주는 말을 잘 하는 사람, 화를 잘 내는 사람, 받기만 하고 줄줄 모르는 사람, 선한 사람이나 약자를 얕잡아보고 해치는 사람, 선을 베풀지만 은혜를 모르는 사람들, 공동체를 위협하는 사람들이 많습니다.

이런 사람들로 인해 평화가 깨지고, 다툼과 분쟁이 일어납니다. 문제투성이인 세상을 치유하기 위해 다른 기준 곧 주님이 세우신 기준이 필요합니다.

예수님은 인간으로 오셔서 이런 문제들은 모두 자기중심적인 생각과 행동에서 비롯됨을 아셨고, 세상을 치유하기 위해 세상과 다른 기준을 제시하셨습니다. 원수를 사랑하고 선하게 대하라 하시면서 아무 것도 바라지 말고 꾸어주라 하십니다.

이 말씀은 미련한 듯 보이지만 이런 사랑이 아니고는 세상을 변화시킬 수 없습니다. 아무 것도 바라지 말라는 이야기는 이자를 정하기는 하지만 이자를 기대하지 말고, 당연히 되돌려 받아야 하지만 되돌려 받을 것조차 생각하지 말라는 뜻입니다.

이것이 하늘나라의 원칙입니다. 이렇게 살 때 하나님의 자녀요 성도로 인정을 받게 될 것이며, 하늘에서 상이 클 것입니다(35절).

"너는 이것을 알라 말세에 고통하는 때가 이르러 사람들이 자기를 사랑하며 돈을 사랑하며 자랑하며 교만하며 비방하며 부모를 거역하며 감사하지 아니하며 거룩하지 아니하며"(딤후 3:1~2)

3. 아버지의 자비를 본받으라 하십니다(35~36절)

하나님은 오래 참으심으로 자비를 보여주셨습니다. 이스라엘 백성들이 열 번이나 하나님을 시험했으나(민 14:22) 하나님은 그들에게 자비를 베푸시고 가나안 땅으로 인도하셨습니다. 우리는 은혜를 모르는 자나 악한 자를 싫어합니다. 그러나 하나님은 그런 사람도 사랑하십니다(35절). 하나님은 선한 자나 악한 자에게 동일하게 해를 비추시는 분입니다(마 5:43).

솔직하게 자신을 돌아봐야 합니다. 우리는 하나님의 은혜를 잊을 때가 얼마나 많았습니까? 우리 속에 악한 마음이나 생각은 또 얼마나 많았습니까? 그럼에도 불구하고 우리가 지금 이곳에 평안히 살고 있는 것은 하나님의 인자하심 때문입니다. 그렇기에 "너희 아버지의 자비로우심 같이 너희도 자비로운 자가 되라"(36절) 하시는 말씀대로 내게 원수 같은 사람일지라도 자비를 베풀기 원하십니다. 상대방이 내게 어떻게 했는가를 생각하기보다 하나님이 내게 베푸신 은혜를 생각하고 자비를 베푸는 성도가 되기를 바랍니다.

"예수께서 이르시되 네게 이르노니 일곱 번뿐 아니라 일곱 번을 일흔 번까지라도 할지니라"(마 18:22)

말씀 실천하기

1. 미워하는 사람을 위해 무엇을 해야 합니까?
2. 하나님 나라의 기준에 맞는 삶을 살려면 무엇이 선행되어야 합니까?

합심 기도하기

1. 하나님 나라 가치로 살아갈 수 있는 용기를 주소서.
2. 아버지의 자비하심을 본받아 살게 하소서.

05 사랑과 용서의 관계를 가르치신 예수

본문 말씀 눅 7:36~50

이룰 목표
- 삶의 초점을 자기중심에서 하나님 중심으로 옮긴다.
- 하나님의 은혜를 아는 사람으로서 오직 하나님을 높이기 위해 산다.

말씀 살피기
- 시몬의 집에서 한 여인이 예수님께 한 일은 무엇입니까?(37~38절)
- 예수님을 초청한 시몬은 어떤 예를 갖추었어야 합니까?(44~46절)
- 예수님은 이 여인이 한 일을 어떻게 칭찬하셨습니까?(47~50절)

소그룹 예배 인도 순서

사도신경 다 같이
찬송 260장(통 194)
기도 회원 중
본문 말씀 눅 7:36~50
새길 말씀 눅 7:47
헌금 찬송 321장(통 351)
헌금 기도 회원 중
주기도문 다 같이

말씀 나누기

한 여인이 예수님께 향유를 붓는 사건과 빚진 자의 비유는 사랑과 용서의 관계에 초점이 맞추어져 있습니다.

예수님을 초청한 바리새인이 잘못된 마음을 품는 것을 아시고 데나리온을 빚진 자에 대한 비유로 사랑과 용서의 관계를 깨우쳐 주셨습니다. 이 두 사람은 금액이 크든 작든 갚을 수 없었기에 탕감을 받았습니다. 그러므로 모두 감사해야 합니다. 작은 죄든 큰 죄든 우리가 해결할 수 없기에 예수님의 은혜가 필요합니다. 말씀을 통해 그 은혜를 다시 생각하는 계기가 되기를 바랍니다.

1. 하나님의 사랑을 모르면 예수님도 비판합니다(39절)

바리새인인 시몬은 예수님을 초청했습니다. 당시 바리새인들이 예수님을 적대시했던 것을 생각하면 시몬은 대단한 일을 했습니다. 그때 초청받지 않은 죄인(죄인이라 함은 창녀에 대한 유대인들의 일반적인 표현)이라 일컫는 한 여인이 나타났습니다. 이 여인은 예수님의 발 앞에 서서 울기 시작했고, 눈물로 발을 씻으며 발에 입 맞추고 향유를 부었습니다.

이 일을 보고 있던 집주인 시몬은 생각하기를 '자기가 초청한 예수는 선지자인 줄 알았는데 선지자가 아님에 틀림없다. 왜냐하면 당시 유대인 남자들은 여인들을 가까이 하지 않았고, 더욱이 창녀가 손을 대는 데도 물리치지 않는다면 이는 선지자가 아니다.' 라고 생각했습니다(39절).

시몬은 자기가 초청한 예수님께 기본적인 호의조차 베풀지 않았지만 자기의 잘못은 생각지 못하고 다른 사람을 비판하는 자기중심적인 사람의 대표적인 모습을 보이고 있습니다. 자기중심적인 사람은 성경을 보아도 하나님 중심이 아니라 자기중심적으로 해석하니 하나님의 사랑을 알 수 없습니다. 시몬은 성경을 알고 있지만 하나님의 사랑을 알지 못했습니다. 그렇기에 다른 사람을 정죄하고 예수님조차 비판합니다.

"형제들아 사람이 만일 무슨 범죄한 일이 드러나거든 신령한 너희는 온유한 심령으로 그러한 자를 바로잡고 너 자신을 살펴보아 너도 시험을 받을까 두려워하라"(갈 6:1)

2. 하나님의 사랑을 아는 사람은 예수님을 높입니다(37~38절)

당시 유대인들은 누군가 자기 집을 방문하면 손님에게 발 씻을 물을 제공하고, 입 맞추는 것은 자연스런 인사였습니다. 집에 온 손님의 흐트러진 머리를 단정하게 하려고 감람유를 발라주는 것 또한 기본적인 예입니다. 그러나 시몬은 예수님을 초청했음에도 불구하고 이런 예를 갖추지 않았습니다.

반면에 죄인이라 일컫는 이 여인은 초청받지 않았고 아무도 반기지 않는 여인이었습니다. 그러나 이 여인은 예수님을 그 마음에 주인으로 모셨기에 머리털로 발을 씻기는 것이 아무런 문제가 되지 않았습니다. 볼이나 입이 아니라 발에 입 맞추는 것이 전혀 부끄럽지 않았습니다.

흔하고 값싼 감람유가 아니라 귀하고 비싼 어쩌면 자기의 전 재산일지도 모르는 향유를 예수님의 발에 부어드려도 아깝지 않았습니다. 사람들의 시선에 관계없이 예수님 앞에 자기의 체면이나 자존심을 다 내려놓았습니다. 진심으로 예수님을 사랑했던 이 여인은 오직 예수님만 보였고 예수님만 높이는 것이 그의 삶의 목표였습니다.

우리는 바리새인 시몬과 같이 자기의 잘못은 보지 못한 채 불만과 비판하는 마음으로 예배를 드리지는 않는지, 아니면 죄 많은 여인과 같이 자신의 전부를 드려 예수님을 높이며 예배를 드리는지 점검해야 합니다.

"우리가 살아도 주를 위하여 살고 죽어도 주를 위하여 죽나니 그러므로 사나 죽으나 우리가 주의 것이로다"(롬 14:8)

3. 예수님은 사랑과 용서가 정비례함을 가르치십니다(41~47절)

주님은 비판적인 시몬에게 한 비유를 들어주십니다. 빚을 적게 진 사람과 빚을 많이 진 두 사람이 모두 빚을 탕감 받았다면 어떤 사람이 더 감사하겠는가고 질문하십니다. 당연히 빚을 많이 탕감 받은 사람이 더 감사하다고 답합니다. 주님은 자기 발에 향유를 부은 이 여인이 바로 자신의 큰 죄를 사함 받았기 때문에 더 많이 사랑한다고 하셨습니다.

주님은 우리가 이해하기 쉽게 이 비유를 들어 설명하셨습니다. 그러나 주님은 두 사람 다 "갚을 것이 없기 때문에" 탕감해 주었다고 말씀하십니다(42절). 이 말씀은 죄의 경중을 말씀하신 것이 아니라 하나님 앞에 자신의 죄가 얼마나 큰가를 깨닫는 사람이 하나님을 더 사랑하게 된다는 말씀입니다. 즉 용서받은 은혜를 아는 만큼 사랑하게 된다는 사실을 말씀하셨습니다.

자신이 용서받을 수 없는 죄를 용서받았다는 사실을 아는 사람은 평생 감사와 찬송으로 삽니다. 바울이 그랬습니다. 그는 예수님을 만난 후 "하나님의 사랑이 성령으로 말미암아 우리 마음에 부은바 되었다"(롬 3:24)고 고백하며, 자신은 "더 이상 자기를 위해 살지 않고 먹든지 마시든지 무엇을 하든지 오직 하나님의 영광을 위하여 살며"(고전 10:31) 이 복음을 전하는 일을 마치기까지 자기의 생명을 아끼지 않겠다고 고백합니다(행 20:24). 우리도 이 은혜를 늘 마음에 새기고 감사하며, 찬송하며, 복음 전하는 일에 목숨을 아끼지 않는 성도가 되어야 합니다.

> "내가 달려갈 길과 주 예수께 받은 사명 곧 하나님의 은혜의 복음을 증언하는 일을 마치려 함에는 나의 생명조차 조금도 귀한 것으로 여기지 아니하노라"(행 20:24)

말씀 실천하기

1. 버려야 할 자기중심적인 삶의 태도는 어떤 것이 있습니까?
2. 용서받은 자답게 형제자매를 용서하며 살고 있습니까?

합심 기도하기

1. 이기적인 태도를 버리고 하나님 중심의 삶을 살게 하소서.
2. 하나님의 은혜를 늘 잊지 않고 기억하고 주님을 사랑하게 하소서.

06 권세를 구별하라 하신 예수

본문 말씀 눅 12:4~12

이룰 목표
- 하나님이 생명의 주관자이심을 믿고 어떤 위협에도 두려워하지 않는다.
- 매사에 성령님을 인정하고 성령님의 역사를 기대한다.

말씀 살피기
- 예수님은 우리를 무엇이라 불렀습니까?(4절)
- 생명은 누구의 손에 달려 있습니까?(5-7절)
- 예수님을 시인하는 사람과 부인하는 사람은 어떻게 됩니까?(8-9절)

소그룹 예배 인도 순서

사도신경 다 같이
찬송 88장(통 88)
기도 회원 중
본문 말씀 눅 12:4~12
새길 말씀 눅 12:4
헌금 찬송 211장(통 346)
헌금 기도 회원 중
주기도문 다 같이

말씀 나누기

사람들은 예수님의 가르침이 외식하는 종교지도자들의 가르침과는 전혀 다르다는 사실로 인해 놀라며 예수님을 따랐습니다(마 7:28~29). 그러나 종교지도자들은 시기하며 핍박하기 시작했습니다. 종교지도자들의 핍박이 심하면 심할수록 예수님의 인기는 더 높아졌습니다. 누가복음 12장 1절에 수만 명이 모여 서로 밟힐 만큼 되었다는 기록이 이를 잘 말해주고 있습니다.

핍박이 심해 목숨의 위협을 받을 때, 예수님은 하늘과 세상의 권세를 분별하고 두려워하거나 염려하지 말라고 하십니다. 오늘 주님이 사랑하는 친구로서 우리에게 들려주시는 권면에 귀를 기울여 어떤 경우라도 두려워하지 않는 성도들이 되기를 바랍니다.

1. 하나님은 생명의 주관자이십니다(4~7절)

핍박의 위협이 심해지고 있는 때, 주님은 제자들에게 "내 친구 너희에게 말한다"고 하십니다. 주님은 하나님이 어떤 분인지 소개하면서 강압적이거나 협박조로 말씀하시지 않았습니다.

사람들은 누구나 죽음을 두려워합니다. 마귀는 이 사실을 알기 때문에 우리가 하나님을 부인하도록 죽음으로 위협합니다(벧전 4:8). 그러나 마귀는 우리의 목숨을 빼앗을 수도, 영혼을 멸할 수도 없습니다. 참새처럼 하찮은 새도 하나님이 허락하시지 않으면 죽지 않는다고 하십니다. 그렇기에 우리의 머리털까지 다 세실 정도로 우리의 몸과 마음을 살피시는 하나님께서 참새보다 귀한 형상으로 지어진 우리들, 하나님의 자녀인 우리를 책임지시고 보호하심은 당연합니다(6~7절).

예수님은 우리들이 핍박이 올 때 죽음을 두려워한다는 사실을 잘 알고 계셨습니다. 사람들이 두려워하는 이유는 현실적으로 당하는 고통과 보이는 것이 전부라고 생각하기 때문임을 아시고, 제자들의 눈을 열어 영원한 하나님이 주관하시는 세계를 보게 하셨습니다. 하나님의 자녀들을 얼마나 사랑하는지를 깨닫게 하셨습니다.

"그런즉 이 일에 대하여 우리가 무슨 말 하리요 만일 하나님이 우리를 위하시면 누가 우리를 대적하리요"(롬 8:31)

2. 예수님은 우리의 구주가 되십니다(8~9절)

당시 이스라엘 사람들은 구약에 예언된 구세주를 기다리고 있었습니다. 예수님은 유대인들이 이해하고 받아들이기를 원하셨습니다. 그렇기에 자신을 유대인들이 기다리는 구세주임을 다니엘서에 예언된 '인자'라는 표현으로 강조하셨습니다(단 7:13). 몇 가지 예를 들면, 하나님 이외에 누가 죄를 사하는 권세가 있느냐고 수군대는 서기관과 바리새인들에게 '인자'는 죄를 사하는 권세가 있다 하셨습니다(눅 5:24). 하나님이 주신 계명 중 하나인 안식일을 범한다고 비난하는 바리새인들에게 '인자'는 안식일의 주인이라 하셨습니다(눅 6:5).

세리와 죄인의 친구로서 '인자'(눅 7:34), 고난 받을 자로서 '인자'(막 10:45; 눅 9:22, 18:32), 구원자로서의 '인자'(눅 19:10)임을 말씀하셨습니다. 예수님은 고난받고 죽지만 부활하여 '인자'가 구름 타고 큰 능력과 영광 중에 오는 것을 볼 것이라 하셨습니다(눅 21:27; 마 26:64).

"나를 시인하면"이라는 말은 '내 안에서 고백하면'이라는 말로, 형식적인 고백이 아니라 삶 가운데서 예수 그리스도는 우리의 구원자이시며 왕으로서 주가 되심을 고백하라는 말씀입니다. 이렇게 고백하는 사람들은 인자되신 주님께서 하나님 앞에서 시인할 것이라 하십니다. 어디서든 어떤 경우든 예수님이 우리의 구주이심을 시인하는 그리스도인이 되어야 합니다.

"나는 포도나무요 너희는 가지라 그가 내 안에, 내가 그 안에 거하면 사람이 열매를 많이 맺나니 나를 떠나서는 너희가 아무 것도 할 수 없음이라"(요 15:5)

3. 성령님은 보혜사 하나님이십니다(10~12절)

예수님이 세례를 받고 올라오실 때 하늘이 열리며 성령이 비둘기같이 그 위에 임하시더니 하늘로부터 "너는 내 사랑하는 아들이라 내가 너를 기뻐하노라"는 소리가 들려왔습니다(눅 3:22). 이는 예수님이 그리스도라는 증표였습니다. 그러나 사람들은 예수님이 하나님이심을 알지 못하고 대적했습니다. 저들의 기대와 달리 인간의 모습으로 오셨기 때문입니다. 하지만 예수님을 대적한 이들도 회개하고 돌아오면 용서를 받았습니다. 바울도 처음에는 예수님 안에서 역사하시는 성령님의 역사를 인정하지 않고 대적했지만 성령으로 충만하여 고백하기를 이제부터 예수님을 한 인간으로 보지 않겠다고 했습니다(고후 5:16). 제사장 중에 많은 사람들도 예수님 안에서 역사하시는 성령님의 임재하심을 경험하면서 회개하고 돌아왔습니다(행 6:7).

성령님은 그리스도의 영으로 우리 안에 영원히 계셔서 우리를 돕는 분입니다(요 14:16). 회개하는 자에게 성령을 주시고(행 2:38), 진리 가운데로 인도하시며, 하나님의 말씀을 생각나게 하십니다(요 16:13).

우리 안에 계신 성령님을 늘 의지하여 성령의 나타나심과 능력으로 날마다 증인의 삶을 살기 바랍니다(고전 2:14).

"만일 너희 속에 하나님의 영이 거하시면 너희가 육신에 있지 아니하고 영에 있나니 누구든지 그리스도의 영이 없으면 그리스도의 사람이 아니라"(롬 8:9)

말씀 실천하기

1. 내가 두려워하는 실체가 무엇인지 분별하기 위해 어떻게 해야 합니까?
2. 구원받은 사람으로 가정, 직장, 마을에서 할 일은 무엇입니까?

합심 기도하기

1. 하나님을 의지하는 사람으로 세상을 두려워하지 않게 하소서.
2. 매사에 성령님을 인정하고 성령님의 역사를 구하며 살게 하소서.

07 구별된 삶을 명하신 예수

본문 말씀 눅 12:22~34

이룰 목표
- 이 땅의 것에 마음을 빼앗기지 않고 하나님 나라에 마음을 둔다.
- 하나님께서 우리의 필요를 채우실 것을 믿고 염려하지 않는다.

말씀 살피기
- 염려하지 말라 하시며 어떤 비유로 말씀하셨습니까?(24~29절)
- 왜 염려하지 말라 하셨습니까?(23~30절)
- 하나님의 자녀들이 구해야할 것은 무엇입니까?(31절)

소그룹 예배 인도 순서

사도신경 다 같이
찬송 393장(통 447)
기도 회원 중
본문 말씀 눅 12:22~34
새길 말씀 눅 12:31
헌금 찬송 313장(통 352)
헌금 기도 회원 중
주기도문 다 같이

말씀 나누기

이 비유 앞에 어떤 사람이 예수님께 나아와 형이 유산을 다 가로채려 하는데 유산을 나누어 갖게 해달라고 요청합니다. 이에 예수님은 "사람의 생명이 그 사람의 소유의 넉넉함에 있지 않다"(눅 12:15)고 하시며 돈보다 더 중요한 것이 있음을 말씀하셨습니다.

우리의 삶에서 돈은 참 중요합니다. 사람들의 염려는 대부분 돈에 관련되어 있습니다. 예수님은 자연에 나타난 하나님의 손길을 비유로 들어 하나님은 우리의 필요를 채우시는 분임을 알려 주십니다. 오늘 본문을 통해 하나님의 자녀로서 아버지 하나님의 사랑과 돌보심을 믿고, 더 이상 염려하지 않으며 행복하게 살 수 있는 방법을 깨닫기를 바랍니다.

1. 탐심을 버려야 합니다(15절)

사람들에게 일차적인 문제는 먹고 사는 문제입니다. 먹고 사는 문제가 해결되면 주거 문제를 생각하게 되고 그 후에 사람들은 문화적인 문제, 즉 삶의 질을 생각합니다. 이것은 모두 돈과 관련이 있습니다. 그렇기에 돈은 우리 삶에 절대적인 영향을 끼칩니다.

돈이 없으면 의식주에 문제가 생깁니다. 돈이 있으면 사람 대접받고 돈이 없어 멸시와 천대를 받는 사람들이 많습니다. 추위나 더위를 이기기 위해서도 돈이 필요합니다. 여가를 즐기기 위해서는 더 많은 돈이 필요합니다. 나이가 들면 품위를 유지하기 위해 돈이 필요합니다. 이처럼 돈은 우리의 삶과 떼어놓을 수 없습니다.

그러나 이런 문제의 원인은 돈이 아니라 탐욕의 문제임을 알 수 있습니다. 탐욕은 우상입니다(엡 5:5). 예수님은 이 사실을 아셨기 때문에 "하나님과 재물을 겸하여 섬길 수 없다"(눅 16:13) 하셨습니다. 사람들이 욕심만 버린다면 이런 문제로 인한 염려는 사라집니다.

주님은 염려(근심)란 단어를 네 번이나 사용하시면서 염려하지 말고 우리의 아버지이신 하나님을 믿으라 하십니다. 하나님 아버지가 우리의 삶을 책임지심을 믿고 욕심을 버리고, 염려로부터 자유로워져야 합니다.

"부하려 하는 자들은 시험과 올무와 여러 가지 어리석고 해로운 욕심에 떨어지나니 곧 사람으로 파멸과 멸망에 빠지게 하는 것이라 돈을 사랑함이 일만 악의 뿌리가 되나니 이것을 탐내는 자들은 미혹을 받아 믿음에서 떠나 많은 근심으로써 자기를 찔렀도다"(딤전 6:9~10)

2. 의식주를 염려하지 말라 하십니다(22~30절)

염려란 생각이나 마음이나 판단 등이 나누이는 것, 즉 두 마음을 품는 것을 말합니다. 성도들은 하나님을 의지해야 함을 알고 있습니다. 그러나 하나님을 의지하기보다는 자신이 앞서 무엇인가 하려 하니 염려가 생깁니다.

하나님은 천지를 창조하셨고 주관하십니다. 나무가 싹이 나게 하시고 자라게 하시고 열매를 맺게 하십니다. 입히시기도 하시고 먹이시기도 합니다. 그러나 우리가 할 수 없는 일을 가지고 염려하고 있다고 책망하십니다(24~26절). 염려는 하나님을 알지 못하는 사람들이 하는 일이니 하나님의 자녀라면 근심하지 말라고 하십니다(30절). 의식주에 관해 구하지도 말라 하십니다. 아버지가 알아서 자녀들의 필요를 채우시는데 자녀들이 계속 구한다면 이는 아버지를 신뢰하지 못하는 것이기 때문입니다. 우리를 먹이고 입히시는 일은 아버지의 일입니다. 우리는 하나님 아버지를 믿기만 하면 됩니다.

"창세로부터 그의 보이지 아니하는 것들 곧 그의 영원하신 능력과 신성이 그가 만드신 만물에 분명히 보여 알려졌나니 그러므로 그들이 핑계하지 못할지니라"(롬 1:20)

3. 그의 나라와 그의 의를 구하라 하십니다(31~34절)

미래를 예측하고 준비하는 것은 참 중요합니다. 사람들은 미래를 준비하기 위해 지식이나 재능이나 자격증 또는 돈을 저축하기 위해 노력합니다. 그러나 이런 준비가 이 세상에 목적을 둔 준비라면 헛된 수고입니다(눅 12:20). 주님은 미래를 준비하되 이 세상에 목적을 두지 말고 하나님 나라를 세우는 일에 목적을 두라 하십니다(31절).

하나님은 우리에게 그의 왕국을 주시기를 기뻐하십니다(32절). 그러나 하나님을 믿으면서도 세상에 마음을 둔 두 마음을 가진 사람에게는 하나님 나라를 맡기지 않습니다. 지혜와 지식이 부족하고 가진 것이 없어도 하나님을 절대적으로 믿는 자에게 그 나라를 맡기십니다. 하나님 나라는 하나님이 주인이 되시는 곳, 하나님의 주권이 인정되고, 하나님의 뜻이 실현되는 곳입니다. 하나님 나라에 가치를 둔 사람, 소망이 하늘에 있는 사람들은 돈을 사용하되 영혼을 구원하는 일이나 자기보다 어려운 이웃을 돕는 일에 사용합니다. 이것이 영원한 미래를 준비하는 사람들의 모습이며 하늘에 보물을 쌓는 일입니다(33절). 우리에게 주신 시간과 물질과 재능을 당장의 필요와 쾌락을 위해 사용하기보다는 미래를 위해 사용하는 지혜로운 성도가 되시기를 바랍니다.

> "선을 행하고 선한 사업을 많이 하고 나누어 주기를 좋아하며 너그러운 자가 되게 하라 이것이 장래에 자기를 위하여 좋은 터를 쌓아 참된 생명을 취하는 것이니라"(딤전 6:18~19)

말씀 실천하기

1. 하나님 나라와 의를 구하기 위해 해야 할 일은 무엇입니까?
2. 하나님 나라에 보화를 쌓기 위해 나와 우리 가족은 어떻게 해야 합니까?

합심 기도하기

1. 세상 염려에 빠지지 말고 하나님 나라와 그의 의를 구하게 하소서.
2. 하나님 나라에 보화를 쌓을 수 있도록 최선을 다하게 하소서.

인자가 온 것은 섬김을 받으려 함이 아니라

도리어 섬기려 하고 자기 목숨을 많은 사람의

대속물로 주려 함이니라(마가복음 10:45)

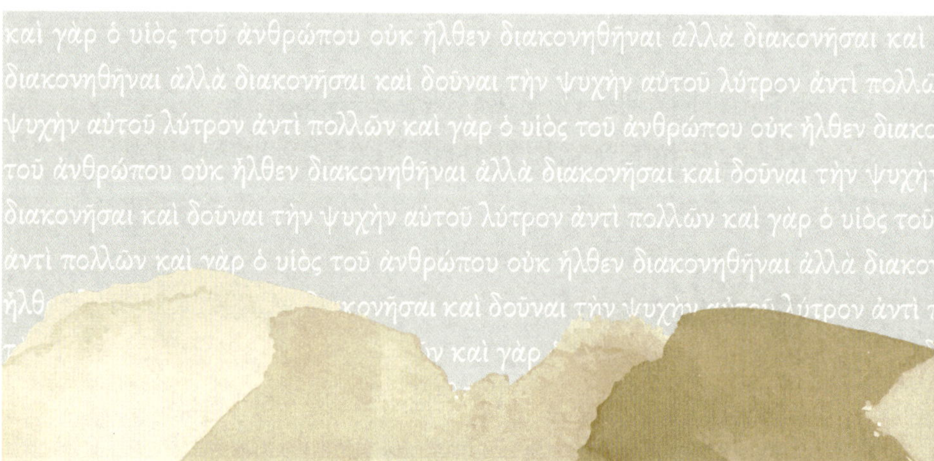

예수 그리스도의 행적

PART 3

01 생명을 살리시는 치유의 주님

본문 말씀 눅 13:10~17

이룰 목표
- 생명의 주인 되신 하나님을 바라본다.
- 우리들이 버리지 못한 옛 사람의 모습을 발견한다.

말씀 살피기
- 허리가 굽어 똑바로 설 수 없는 여인에게 예수님은 어떤 말씀을 하셨습니까?(12절)
- 회당장이 예수님께 화낸 이유는 무엇입니까?(14절)
- 예수님이 위선자들에게 어떤 말씀을 하셨습니까?(15~16절)

소그룹 예배 인도 순서

사도신경 다 같이
찬송 325장(통 359)
기도 회원 중
본문 말씀 눅 13:10~17
새길 말씀 눅 13:16~17
헌금 찬송 43장(통 57)
헌금 기도 회원 중
주기도문 다 같이

말씀 나누기

누가복음 6장은 안식일에 대한 논쟁이 나옵니다. 예수님의 제자들이 안식일에 밀밭 사이로 지나가다가 이삭을 잘라 손으로 비벼먹는 일과 또 다른 안식일에 예수님이 회당에 들어가 말씀을 가르치시다가 한쪽 손 마른 사람을 치료하시는 사건입니다. 이때 서기관들과 바리새인들은 예수님을 고발할 증거를 찾기 위해 엿보고 있었습니다. 예수님은 "내가 너희들에게 한 가지 물어보자! 안식일에 선을 행하는 것과 악을 행하는 것, 그리고 생명을 구하는 것과 생명을 죽이는 것, 어느 것이 옳으냐?" 라는 질문에 대답하는 사람이 아무도 없었습니다.

누가복음 13장에서도 사단에게 매인 것을 안식일에 푸는 것이 합당하다고 하시면서 허리가 굽어 펼 수 없는 여자를 치료해 줍니다. 이 사건은 율법주의자들에게 큰 도전이었습니다. 이처럼 우리에게도 옛 생각과 습관, 고정관념 등이 예수님의 온전한 사랑을 흘러가지 못하도록 가로막고 있지는 않은지 살펴보고자 합니다.

1. 주님은 세상을 치유하고 온전케 하시기 위해 오셨습니다(11절, 16절)

현대에도 불치병은 큰 위기이며 문제인데, 이런 불치병에 걸린 한 여인이 회당으로 나왔습니다. 이 여인은 열여덟 해 동안 귀신들려 앓으며 꼬부라져서 조금도 펼 수 없는 상태였습니다. 여기서 '꼬부라졌다'는 것은 등도 굽고 허리도 굽은 이중 상태를 표현하는 것으로 중병임을 짐작 할 수 있습니다. 한 가지 병으로도 힘들었을 것인데 이중고에 시달렸으니 얼마나 힘이 들었겠습니까? 한 가지 병도 아니고 복합적인 병이라고 한다면 이는 쉽게 고칠 수 없는 불치의 병이었습니다. 그것도 한두 해 지닌 병이 아니라 18년을 이런 상태로 지냈으니 고치기가 쉬웠겠습니까?

이때 이 여인은 주님을 만났습니다. 주님은 이 모든 상황을 잘 알고 계셨습니다. 주님을 만나면 상황은 달라집니다. 때때로 우리는 감기는 작은 질병이고, 암 같은 것은 불치의 병으로 생각하며 두려워하고 걱정하지만, 주님이 보시기에는 감기나 암이나 똑 같은 질병입니다. 그러므로 주님 앞에 갖고 나와야 합니다. 어떤 문제도 주님 앞에 나오면 해결됩니다. 세상을 치유하고 온전케 하시기 위해 이 땅에 오신 주님만 붙잡으면 두려움과 걱정에서 자유할 수 있습니다.

"주께서 인생으로 고생하게 하시며 근심하게 하심은 본심이 아니시로다"(애 3:33)

2. 주님은 평강과 기쁨을 주시기 위해 오셨습니다(13절)

안식일마다 회당에서 함께 했던 다른 사람들은 그 여인을 18년 동안 무시하거나 그냥 지나쳤을 것입니다. 게다가 그 여인의 고통에 대해서 어떤 사람들은 '이것이 뉘 죄로 말미암은 것이냐? 자기 죄 때문이냐? 부모의 죄 때문이냐?' 따지면서 판단만 했을지도 모릅니다.

그러나 예수님은 이 여인의 아픔과 고통을 아시고 이 여인을 사랑하시고 긍휼히 여겨주셔서 귀신의 압제에서 풀어 주셨고 자유하게 해 주셨습니다. 그러면서 예수님은 "너희만 아브라함의 자손이 아니라, 이 여인도 아브라함의 딸이다!"라고 선포하셨습니다(16절)

로마서 8장 6절에 "육신의 생각은 사망이요 영의 생각은 생명과 평안이니라"고 말씀합니다. 판단하는 사람들은 육신의 생각에 매어있지만 예수님은 우리에게 생명과 평안을 주시고자 "이 여인도 아브라함의 자손이라"고 선언하신 것입니다. 그러므로 누구든지 주를 믿으면 그 분이 책임지시고 온전케 하신다는 사실을 잊지 말아야 합니다.

> "화 있을진저 외식하는 서기관들과 바리새인들이여 너희는 천국 문을 사람들 앞에서 닫고 너희도 들어가지 않고 들어가려 하는 자도 들어가지 못하게 하는도다"(마 23:13)

3. 주님은 생명을 주시려고 긍휼로 치유하십니다(16~17절)

사물이나 물질이 변하여 처음의 본질이 바뀌는 것을 변질이라고 합니다. 세상에는 변질되는 것이 많이 있는데, 상온에 음식을 오래 두면 상하여 변질되듯이 사람의 삶 속에도 그 정신을 잃어버리고 외형을 좇는 변질이 있을 수 있습니다.

이스라엘은 바벨론 포로기 이후 율법에 대한 연구와 적용으로 철저하게 율법을 지키려는 운동이 일어났습니다. 또한 바리새인의 분파는 철저한 율법주의자로 그 의를 드러내고 있었습니다. 그러나 그들은 율법의 정신은 잃어버렸고, 율법의 외형만을 좇는 잘못을 범했습니다.

본문은 한 여인의 치유사건으로 시작된 안식일에 대한 논쟁을 다루고 있습니다. 주님은 안식일에 병 고치는 일은 하나님께 죄를 범하는 일이 아니라고 말씀 하십니다. 오히려 생명을 구원하는 일이며 하나님의 뜻이라고 하십니다. 반대하는 자들의 오해와 질책에도 불구하고 영혼구원을 위한 치유사역을 통하여 모든 무리로 기뻐하게 하셨습니다(17절). 안식일이라는 율법에 하나님이 진정으로 바라셨던 것은 생명을 구원하는 것이며, 그 구원의 사역을 위해 예수님이 이 땅에 오신 것입니다.

예수님이 선포하신 말씀대로 이웃들을 고치고, 싸매며, 살리는 일에 합력함으로 모든 사람을 기쁘게 하는 성도가 되기를 바랍니다.

"너희 중에 누가 그 아들이나 소가 우물에 빠졌으면 안식일에라도 곧 끌어내지 않겠느냐"(눅 14:5)

말씀 실천하기

1. 18년 동안 질병에 매인 여인에게 보여준 사람들의 반응은 어떠했습니까?
2. 병든 자의 고통을 위하여 당신이 보여준 실천적 사랑은 무엇입니까?

합심 기도하기

1. 질병으로 고통받는 이웃들이 치유하시는 주님을 만나게 하소서.
2. 오해와 질책에도 사랑으로 참고 인내하게 하소서.

02 제자도를 가르치신 예수

본문 말씀 눅 14:25~35

이룰 목표
- 제자로 삼아 주시는 주님의 뜻을 배운다.
- 제자다운 삶을 살고 있는지 점검한다.

말씀 살피기
- 주의 제자로 살려면 어떤 것까지도 내려놓아야 합니까?(26~27절)
- 주님의 제자가 되려면 무엇을 버려야 합니까?(33절)
- 끝까지 주님만 따르는 제자들에게 있어야 하는 것은 무엇입니까?(34절)

소그룹 예배 인도 순서

사도신경 다 같이
찬송 358장(통 400)
기도 회원 중
본문 말씀 눅 14:25~35
새길 말씀 눅 17:33
헌금 찬송 459장(통 514)
헌금 기도 회원 중
주기도문 다 같이

말씀 나누기

예수님의 제자가 되려면 어떠한 고난도 감수하려는 태도와 삶의 우선순위 정립이 필요합니다.

본문은 예수님을 따르는 '제자도'에 관한 가르침을 다룹니다. 즉 주님의 제자 된 사람들에게 요구되어지는 것이 있는데, 그것은 '십자가를 지라'는 것입니다. 이것은 참으로 어렵고 힘든 명령이요 요구가 아닐 수 없습니다. 그러나 참다운 주님의 제자의 본분을 다하기 위해서는 이 명령을 순종하는 길 외에는 다른 길이 없다고 하겠습니다. 본문을 통해 십자가를 어떻게 져야 하는지 구체적인 방법을 배우고 실천하는 예수님의 제자로서의 첫 걸음을 시작하려고 합니다.

1. 예수님의 제자는 먼저 자기 자신을 부인해야 합니다

자기를 부인한다는 것은 곧 자기중심적인 생각과 행동을 버리는 것입니다. 그러므로 자기를 부정하려면 말씀에 대한 순종이 선행되어야 합니다. 하나님의 명령에는 순종하기 어려운 것이 많습니다. 명령이 부담스럽고 합리적이지 않으며 자신의 능력을 벗어난 경우입니다.

그러나 갈 바를 알지 못하던 아브라함이 친척과 고향을 버리면서까지 순종했을 때 하나님께서는 젖과 꿀이 흐르는 땅을 주셨습니다. 또한 행할 바를 알지 못했지만 한결같이 순종한 노아에게는 멸망 가운데서도 구원 받는 은혜를 주셨습니다. 이해할 수 없고, 부담되는 명령이라도 믿음으로 순종할 때 그것은 보이지 않는 미래에 축복을 심는 것이고, 환란을 피하는 길입니다.

자기를 부인하는 것은 내가 할 수 없음을 인정하는 것입니다. 이 말은 우리가 아무것도 할 수 없음을 고백하라는 것은 아닙니다. 자기중심적인 생각과 방법에서 나온 행동에는 그 한계가 있음을 인정하라는 것입니다. 첫 조상 아담의 타락의 원인도 '내가 할 수 있습니다.' 또는 '내가 하나님처럼 될 수 있습니다.'라는 생각이었습니다. 그러므로 자기를 부인하는 길은 내가 '할 수 있다.'는 사고를 버리고 '주님만이 하실 수 있다.'는 겸손한 자세를 갖는 것입니다.

어렵고 힘들었던 십자가의 고난을 감당하시고자 묵묵히 순종하셨던 예수님을 본받아 우리도 내가 아니라 내 안에 계신 주님이 주시는 힘으로 순종할 때 은혜 가운데 거할 수 있는 것입니다.

> "누구든지 제 목숨을 구원하고자 하면 잃을 것이요 누구든지 나를 위하여 제 목숨을 잃으면 구원하리라"(눅 9:24)

2. 예수님의 제자가 되는 자에게는 박해가 있습니다

초대교회 성도들에게 가장 잔인한 형벌은 예수님이 당하셨던 '십자가 형벌'이었습니다. 큰 핍박의 길이었습니다. 육체적으로는 십자가를 지는 핍박의 길이고, 정신적으로는 멸시와 천대를 받는 것이었습니다.

오늘날도 다른 종교를 가진 친척이나 가족, 혹은 이웃에게 뿐 아니라 제도나 관습 등이 믿음의 사람들을 차별하고 천대합니다. 특히 우상과 미신이 성행하는 지역, 과학이 발달한 도시에서는 더욱 두드러집니다.

또한 주님을 따르는 길은 희생의 길입니다. 천하보다 귀한 것이 생명이지만 그리스도를 따르는 길은 이 생명까지도 버려야 하는 길입니다. 요한을 제외한 대부분의 제자들이 이 희생의 길을 걸어갔으며, 그 후 많은 제자들이 이 희생의 길에 서야 했습니다. 기독교가 국교가 되기 이전에 로마에서 지하의 '카타콤' 성도들이 그러하였고, 이방에 복음을 전하던 많은 선교사들이 그러하였으며 일제시대 신사참배 거부와 6.25를 겪는 동안 이 땅의 성도들 역시 복음을 위해 희생의 길을 걸어왔습니다. 그러므로 십자가를 지는 것은 환희와 기쁨의 길이기도 하지만 멸시와 천대와 희생이 따르는 길인 것을 부정할 수 없습니다.

"그가 시험을 받아 고난을 당하셨은즉 시험 받는 자들을 능히 도우실 수 있느니라"(히 2:18)

3. 예수님의 제자라면 무엇보다 십자가가 우선되어야 합니다

십자가는 모든 것에 우선 돼야 합니다. 십자가보다 사랑하는 것들이 있다면 그것은 주님이 보여주신 '십자가를 지는 길'이 아닙니다. 십자가보다 이것들을 더 사랑하고 아낄 수 있기 때문입니다. 그래서 주님은 단호하게 우리가 아끼고 사랑하는 모든 것들을 미워하시기까지 자신의 십자가를 사랑하고 우선하라고 가르치십니다. 그러므로 십자가를 지는 것은 자기생명보다 가족보다 십자가를 더 사랑하는 것입니다(26절).

본문에서 "미워해야 한다"는 것은 가족들에 대한 의무를 버리라는 뜻이 아닙니다. 십자가에 대한 사명을 감당할 때 개개인의 사적인 일은 초월해야 된다는 것입니다. 명예나 재물 등 아끼는 모든 것들보다 십자가를 더 소중하게 생각하고 사랑해야 한다는 말씀입니다(33절).

무엇보다 우리의 생각과 행동이 예수님보다 중요하게 그 자리를 차지하도록 해서는 안 된다는 것입니다. 제자도는 예수 그리스도께서 모든 것에 주인이심을 인정하는 것입니다. 따라서 제자도가 항상 우리를 주장하게 해야 합니다. 이때 세상에 강력한 영향을 줄 수 있습니다. 소금처럼 자신이 희생하며 세상에 부패한 것을 방지하는 역할을 담당하는 제자의 사명을 다할 때 이것이 교회와 세상을변화시키는 길이고, 주님을 온전히 따르는 길입니다.

"또 자기 십자가를 지고 나를 따르지 않는 자도 내게 합당하지 아니하니라"(마 10:38)

말씀 실천하기

1. 내 삶의 우선순위는 주님을 따르는 것입니까?
2. 예수님을 따르는 자는 삶의 열매가 있습니다. 나의 열매는 무엇입니까?

합심 기도하기

1. 타협하는 신앙이 아닌 주님을 우선하는 믿음을 주옵소서.
2. 가정에서 신앙에 합당하지 못한 일이 있다면 새롭게 하옵소서.

03 잃은 아들을 되찾은 아버지 예수

본문 말씀 눅 15:11~32

이룰 목표
- 우리를 자녀로 인정하시는 아버지 하나님을 바라본다.
- 아직도 깨닫지 못한 부모의 사랑을 발견한다.

말씀 살피기
- 작은 아들이 돌아올 마음을 갖게 된 결정적인 이유는 무엇입니까?(16~17절)
- 작은 아들이 집으로 돌아올 때 기다리고 있던 것은 무엇이었습니까?(22절)
- 큰 아들에 대한 아버지의 마음은 무엇이었습니까?(31~32절)

소그룹 예배 인도 순서

사도신경 다 같이
찬송 273장(통 331)
기도 회원 중
본문 말씀 눅 15:11~32
새길 말씀 눅 15:31~32
헌금 찬송 509장(통 314)
헌금 기도 회원 중
주기도문 다 같이

말씀 나누기

누가복음 15장의 '탕자의 비유'를 영국의 소설가 찰스 디킨스는 "인류가 들었던 모든 단편소설 중에서 가장 위대한 단편소설"이라고 했습니다. 본문 말씀은 하나님과 그의 백성들과의 관계를 아버지와 아들의 관계로 보여주는 구속사적 기록입니다. 또한 긴 방황을 통해 비로소 자신의 참 위치를 깨닫게 되는 인간의 연약함과 어리석음을 보여주는 말씀으로 믿음의 자녀인 우리가 아버지 하나님과의 관계뿐만 아니라 아버지께로 다시 돌아온 형제에 대해 어떤 태도를 가져야 하는지 말씀을 통해 살펴보려고 합니다.

1. 아들이 집을 떠났습니다(13-14절)

탕자가 먼 나라로 떠났다는 사실이 함축하는 의미는 명백했습니다. 그가 단지 자기 아버지에게서 등을 돌리고 있었던 게 아니라 믿음에서도 완전히 등을 돌리고 있었다는 것입니다.

그렇습니다. 모든 신앙은 우리의 현재 위치를 아는 데서부터 시작됩니다. 하나님을 인정하지 않는 우리 삶의 영역들에 대해서 이사야서 59장은 우리를 하나님으로부터 분리시키는 것이 죄라고 설명하였고, 로마서 3장은 우리 모두 죄를 지었다고 말하고 있습니다.

그러나, 하나님께서는 몇 가지 방법으로 아버지의 집을 떠나간 탕자에게 돌이켜 주님의 뜻과 관계를 알게 하십니다. 무엇보다 환경을 통하여 우리가 아버지의 집을 상고하며 돌아갈 수 있도록 만드십니다.

13절에 "그 후 며칠이 안 되어 둘째 아들이 재물을 다 모아 가지고 먼 나라에 가 거기서 허랑방탕하여 그 재산을 낭비하더니"라는 말씀처럼 내 노력으로 삶을 살아보지만 허랑방탕한 인생의 결국은 모든 것을 잃고 만다는 사실입니다.

또한 14절에 "다 없앤 후 그 나라에 크게 흉년이 들어 그가 비로소 궁핍한지라"는 말씀은 자신의 힘으로는 도무지 회복 할 수 없을 때 비로소 궁극적인 도움을 주시는 아버지 하나님을 찾을 수밖에 없는 사실에 직면하게 합니다. 그러나 그때에도 집 나간 아들을 기다리시는 아버지가 계시다는 사실을 기억할 수 만 있다면 우리의 삶에는 분명한 회복의 기회가 있는 것입니다.

"여호와의 손이 짧아 구원하지 못하심도 아니요 귀가 둔하여 듣지 못하심도 아니라 오직 너희 죄악이 너희와 너희 하나님 사이를 갈라 놓았고 너희 죄가 그의 얼굴을 가리어서 너희에게서 듣지 않으시게 함이니라"(사 59:1~2)

2. 아버지는 아들을 기다리십니다

범죄하고 타락한 사람들은 자신들의 상황이 얼마나 심각한지를 깨닫지 못합니다. 우리도 예외가 아닙니다. 일상생활 속에서 쾌락을 좇거나 과소비를 하면서도 "모두 이렇게 살고 있어. 그런데 이게 무슨 큰 문제가 되겠어?"라고 변명하며 말하기도 합니다.

"죄의 삯은 사망이요"(롬 6:23)라고 말씀합니다. 사망, 이것이 바로 우리가 받은 계산서입니다. 죄를 향해 기울어진 우리의 그릇된 결정은 하나님과 우리 사이에 장벽을 쌓았고, 하나님과 우리의 관계는 우리 힘으로 회복하거나 해결 할 수 없을 만큼 깨졌습니다. 우리는 그 사태의 심각성을 축소하거나 간과해서는 안 됩니다.

집을 나가 허랑방탕하여 가진 모든 소유를 탕진하고 돼지가 먹는 쥐엄 열매조차 주는 이가 없을 때, 탕자는 비로소 자신의 모습을 정확히 볼 수 있었습니다. 탕자는 자신이 저지른 잘못과 그 잘못이 몰고 온 필연적인 결과를 인정했습니다.

아버지 하나님은 집 나간 탕자 같은 우리에게 달려오셔서 완전히 새로운 유산을 제안하십니다. 우리 죄를 위해 이 땅에 오시어 십자가에 달리신 하나님의 아들 예수 그리스도이십니다.

"고난 당하기 전에는 내가 그릇 행하였더니 이제는 주의 말씀을 지키나이다"(시 119:67)

3. 아버지를 바로 알아야 합니다

모든 것을 다 잃고 돼지를 치며 배고픔에 허덕이던 중 아버지의 사랑을 기억하게 됩니다. 아버지의 사랑을 체험한 작은 아들의 이야기와 대조적으로 아버지와 함께 살면서 모든 규칙을 다 준수했지만 아버지의 사랑을 체험하지 못한 큰아들의 이야기를 통해 놓치지 말아야 할 것이 있습니다. 우리들도 큰아들처럼 관념적으로 신앙을 생각하고 '나는 그래도 집 나간 작은 아들 같지는 않아.'라는 자만한 태도를 갖고 있지는 않았을까요? 자신을 솔직하게 돌아보면서 아버지와의 친밀함이 있는지 점검해야 합니다.

예수님은 마지막 만찬과 제자들의 발을 씻기실 때에도 가롯 유다를 배제하지 않으심 같이 아버지는 작은 아들을 사랑하시지만 큰 아들도 포기하지 않으시고 끝까지 사랑하십니다.

적어도 아버지의 마음을 헤아릴 수 있는 아들이라면 아버지의 사랑을 이해하고 함께 집 나간 동생을 기다리며 사랑하는 큰 아들이 되어야 할 것입니다.

> "우리는 형제를 사랑함으로 사망에서 옮겨 생명으로 들어간 줄을 알거니와 사랑하지 아니하는 자는 사망에 머물러 있느니라" (요일 3:14)

말씀 실천하기

1. 집 나간 작은 아들이 깨닫고 돌아온 것처럼 '영적 각성'이 있었습니까?
2. 장자의 논리로 돌아온 동생을 박대하여 아버지의 마음을 괴롭힌 적은 없었습니까?

합심 기도하기

1. 신앙 공동체를 떠난 믿음의 식구들이 돌아오게 하옵소서.
2. 떠난 식구들을 향해 아버지의 마음인 긍휼을 품고 기다리게 하옵소서.

04 감사를 통한 구원 선포자 예수

본문 말씀 눅 17:11~19

이룰 목표
- 감사를 믿음의 열매로 발견한다.
- 어떤 상황에 있던지 감사할 내용을 찾는다.

말씀 살피기
- 난치병이 우리 가운데 있다면 어떻게 하겠습니까?(13~14절)
- 치유 받은 사람들 중에 감사함으로 주께 돌아온 사람은 누구입니까?(16절)
- 주께 감사한 사람이 받은 선물은 무엇입니까?(19절)

소그룹 예배 인도 순서

사도신경 다 같이
찬송 96장(통 94)
기도 회원 중
본문 말씀 눅 17:11~19
새길 말씀 눅 17:19
헌금 찬송 151장(통 138)
헌금 기도 회원 중
주기도문 다 같이

말씀 나누기

세상에서 낙심되는 이유는 소망을 보지 못하기 때문입니다. 불치의 병이라도, 세상이 외면하여도 우리를 치유하시고 온전케 하시는 예수님을 바라 볼 때만이 소망이 있고 치유가 있습니다. 예수님이 예루살렘으로 가시는 길에, 사마리아와 갈릴리 사이를 지나가시게 되었습니다. 그 때 열 명의 나병환자를 만나셨습니다. 이들은 기회를 놓치지 않고 예수님에게 은총을 구함으로 나병이 깨끗케 되는 축복을 받았지만 이 들 중 한 사람만이 큰 소리로 하나님께 영광을 돌리며 돌아와 예수님께 감사했습니다.

감사를 잊고 자기 길로 돌아가는 아홉 명의 나병환자와 같이 주님께 받은 은혜에 '감사'를 잊고 사는 어리석은 자가 아닌지 돌아보며, 감사의 고백으로 구원에까지 이르는 사마리아인의 모습을 살펴보겠습니다.

1. 우리 안에 있는 죄의 문제를 해결해야 합니다

현대에도 고치기가 어려운 나병은 자기 자신도 모르게 감염된다는 특징을 가지고 있습니다. 마찬가지로 우리에게도 죄악은 미처 깨닫기 전에 감염되는 질병과 같습니다. 나병에 감염되면 감각 신경이 다 죽기 때문에 아무리 꼬집어도 아픔을 느끼지 못하게 됩니다. 마찬가지로 죄악에 감염된 인생은 불의에 대해서 무감각해지고 선을 행하지 않아도 전혀 양심의 가책을 느끼지 못합니다.

이 나병은 인간의 약이나 의술로는 좀처럼 고칠 수가 없습니다. 그래서 예나 지금이나 나병을 심각한 질병으로 생각하는 것입니다. 마찬가지로 우리들의 죄 역시 우리 스스로 해결할 수 있는 것이 아닙니다. 도덕적 고상함이나 선행으로도 우리의 죄를 없앨 수 없습니다. 오직 예수 그리스도의 보혈로만이 죄의 문제를 해결할 수 있습니다. 지금도 우리를 향하여 부르시고 찾으시는 예수님의 사랑으로 우리의 고질적인 문제를 발견하고 해결 받아야 합니다.

"예수께서 대답하여 이르시되 건강한 자에게는 의사가 쓸 데 없고 병든 자에게라야 쓸 데 있나니 내가 의인을 부르러 온 것이 아니요 죄인을 불러 회개시키러 왔노라"(눅 5:31~32)

2. 주님의 '불쌍히 여기심'을 구했습니다

나병환자들은 예수님의 소식을 듣고 멀찍이 떨어져서 큰 소리로 간구하였습니다. 예수님을 간절히 부른다는 것은 기도의 행위를 말하는

데, 오늘날 우리의 기도도 이들의 기도처럼 체면을 생각지 아니하고, 간절한 마음으로 드리는 기도가 되어야 합니다.

나병환자들은 "예수 선생님이여 우리를 불쌍히 여기소서"라고 기도하였습니다. 그들은 예수님을 자신들의 선생으로 고백했습니다. 그들에게 가장 필요한 것은 예수님이 그들을 불쌍히 여겨 주시는 것이었습니다. 이들은 예수님 앞에 나가기만 하면 하나님의 은혜로 나병에서 깨끗함을 입게 될 거라고 믿었습니다.

우리도 육신의 문제만을 위해서 간구하기보다는 예수님의 긍휼을 구하는 기도를 통하여 육신의 문제뿐아니라 모든 삶의 문제까지도 해결받아야 합니다. 그러므로 우리는 단지 육체의 치유만을 위하여 구하는 것이 아니라 우리의 영적 생명에 관심을 두고 이를 위해 먼저 기도해야 할 것입니다. 그럴 때 하나님께서는 다른 모든 것들, 즉 구한 것 이외의 것들까지 풍성히 허락하십니다.

"너는 내게 부르짖으라 내가 네게 응답하겠고 네가 알지 못하는 크고 은밀한 일을 네게 보이리라"(렘 33:3)

3. 마지막까지 주님과 함께 했습니다

하나님의 은혜를 구한 나병환자들에게 예수님은 병을 고쳐 주시겠다고 말씀하시지 않고 "가서 제사장에게 너희 몸을 보이라"고 하십니다. 당시에 나병이 나은 자들은 제사장에게 가서 보임으로써 다시 자기 삶의 터전으로 돌아갈 수 있었는데, 이들이 예수님의 하신 말씀을 듣고 제사장에게 갔다는 것은 그들이 예수님의 능력을 전폭적으로 믿었다는 것을 뜻합니다. 인간적인 판단으로는 나병이 있는 상태로 제사장에게 갔다가 망신을 당하거나 내어 쫓김을 당할 것임에도 불구하고 그들은 담대한 믿음을 가지고 자신의 몸을 보이려고 제사장에게 갔습니다.

하나님의 은혜를 체험하기 위해서는 주님이 제시하는 방법에 순종해야 합니다. 내 생각과 방법으로는 하나님의 역사가 일어날 수 없다는 사실을 명심해야 합니다. 결국 열 명의 나병환자들은 제사장에게 보이러 가던 중에 깨끗이 나음을 입었습니다.

그러나 나음 받은 사람들 중에 감사하기 위해 예수님을 찾아온 오직 한 사람 사마리아인만이 구원 받았음을 기억해야 합니다. 은혜를 잊지 않고 돌아와 감사를 드렸던 사마리아인처럼 끝까지 주님과 함께하는 성도가 되어야 합니다.

> "믿음의 주요 또 온전케 하시는 이인 예수를 바라보자 그는 그 앞에 있는 기쁨을 위하여 십자가를 참으사 부끄러움을 개의치 아니하시더니 하나님 보좌 우편에 앉으셨느니라"(히 12:2)

말씀 실천하기

1. 불순종의 환경을 벗어나고자 주님을 찾고 있습니까?
2. 주님과 동행함으로 구원의 기쁨을 누리고 있습니까?

합심 기도하기

1. 낙심된 이웃들을 주님께로 인도하는 한 주간이 되게 하소서.
2. 환경의 어려움보다 크신 주님을 바라보는 우리 교회가 되게 하소서.

05 죄인을 변화시키시는 예수

본문 말씀 눅 19:1~10

이룰 목표
- 우리의 모습대로 부르시는 하나님을 인정한다.
- 주님의 부르심에 걸림돌은 무엇인지 확인한다.

말씀 살피기
- 삭개오가 예수님을 보고자 하는 열정이 어땠습니까?(3~4절)
- 예수님은 삭개오를 알고 계셨습니까?(5절)
- 삭개오가 예수님을 만난 후 무엇이 우선순위가 되었습니까?(8절)

소그룹 예배 인도 순서

사도신경 다 같이
찬송 435장(통 492)
기도 회원 중
본문 말씀 눅 19:1~10
새길 말씀 눅 19:10
헌금 찬송 497장(통 274)
헌금 기도 회원 중
주기도문 다 같이

말씀 나누기

본문은 여리고의 세리장인 삭개오의 삶에 진정한 관심과, 그에 관한 주님의 축복의 선언을 기록한 내용입니다. "인자의 온 것은 잃어버린 자를 찾아 구원하려 함이니라"(10절) 하신 말씀처럼, 어두운 죄악 가운데 하나님과 나 자신 그리고 이웃을 잃어버리고 파멸의 길로 달려가던 한 영혼이 돌아왔습니다. 삭개오가 잃어버렸던 것들은 바로 오늘날 우리가 상실해 가고 있는 것들입니다. 주님 안에서 우리가 다시 얻어야 할 것들이 무엇인지 본문을 살펴보면서 은혜를 얻고자 합니다.

1. 삭개오에게는 큰 열심히 있었습니다

"저가 예수께서 어떠한 사람인가 하여 보고자 하되 키가 작고 사람이 많아 할 수 없어 앞으로 달려가 보기 위하여 뽕나무에 올라가니"(3~4절). 이 말씀은 세리장 삭개오가 예수님에게 일찍부터 관심을 가지고 있었다는 것과 예수님이 지나가신다는 소식을 듣고 그 얼굴이라도 보고자 그가 보인 열정을 표현한 말입니다.

삭개오는 신체적으로 키가 작았기 때문에 군중들에게 싸여 지나가시는 주님을 볼 수가 없었지만 세리장이라는 체면도 잊고 뽕나무 꼭대기에 올라갔습니다. 삭개오의 삶에 최대 관심사였던 물질이나 세인의 이목보다 기다리고 기다리던 예수를 만날 절호의 기회를 놓칠 수가 없었습니다. 그리고 그의 이러한 열심이 그에게 커다란 축복을 가져다줬습니다.

삭개오가 예수님을 보기 위한 열심을 갖게 된 것이 언제부터였는지는 모르지만 세리들에게 있어서 예수님은 특이한 친근감을 주는 인물이었음에 틀림없었습니다. 그것은 가버나움 세관의 세리 마태가 예수의 제자가 된 것을 비롯하여 많은 세리들이 주님으로부터 감화를 받았으며, 이러한 소문은 세리 사회에 많이 알려졌을 것이 분명했기 때문입니다. 또한 유대 사회에서 창기와 함께 '죄인' 취급을 받던 세리들에 대해서도 친구처럼 가까이하시는 주님에게 특별한 관심을 갖게 되었고 이러한 관심이 열심으로 바뀐 것이라 할 수 있습니다. 그리고 이 열심이 그를 구원시키는 기회가 되었다는 것입니다.

"부지런하여 게으르지 말고 열심을 품고 주를 섬기라"(롬 12:11)

2. 삭개오에게 주님은 관심을 보이셨습니다(5절)

예수님이 삭개오가 올라가 있는 뽕나무 아래까지 오셔서 삭개오를 속히 내려오라고 말씀하신 것은 그에 대한 주님의 특별한 관심을 나타내 주고 있습니다. 예수님을 보고자 한 삭개오의 열심을 주님은 알고 계셨으며 그런 삭개오를 만나주셨습니다.

예수님으로부터 호명을 당했다는 것은 삭개오에게 있어서 기대 밖의 일이었습니다. "속히 내려오라"고 하셨을 때 그는 감격하였을 것입니다. 예수님을 향한 열심이 예수님의 관심을 그에게로 향하게 했습니다.

"내가 오늘 네 집에 유하여야 하겠다 하시니 급히 내려와 즐거워하며 영접하거늘"(5~6절). 예수님은 삭개오에게 그의 집에서 유하겠다는 말씀을 하셨고, 삭개오는 즉시 자기 집으로 기쁘게 영접했습니다. 예수님을 영접한다는 것은 부담스런 일이 아닌 축복이요 은총입니다. 예수님과 잠시 동안이라도 동거한다는 것은 이 세상에서 누릴 수 있는 특별한 은혜입니다. 삭개오는 그동안 최대 관심사였던 세상의 물질에서 벗어나 이제 예수님의 사랑과 관심을 받는 사람이 되었습니다.

지금도 주님은 "000야 속히 내려오라"고 말씀하십니다. 오늘 우리도 주님의 사랑과 관심을 받을 수 있도록 열심을 품고 주님을 섬겨야 할 것입니다.

"너희는 이 세대를 본받지 말고 오직 마음을 새롭게 함으로 변화를 받아 하나님의 선하시고 기뻐하시고 온전하신 뜻이 무엇인지 분별하도록 하라"(롬 12:2)

3. 삭개오는 회심을 통해 구원과 기쁨을 받았습니다

"주여 보시옵소서. 내 소유의 절반을 가난한 자들에게 주겠사오며 만일 뉘 것을 토색한 일이 있으면 사 배나 갚겠나이다"(8절) 주님을 자기 집에 영접한 삭개오는 회개의 고백부터 시작했습니다. 재산의 절반을 가난한 자들에게 나누어 줄 것과 토색한 것은 사 배를 쳐서 보상하겠다고 한 것입니다. 주님의 사랑과 관심을 통해 자신의 삶을 돌아보며 회개에 이르는 삭개오의 모습입니다.

또한 예수님이 선포하신 "아브라함의 자손"이라는 구원의 선포는 지금까지 수욕과 멸시를 받아왔던 삭개오에게는 기쁨이었으며 죄악을 회개하고 예수님을 영접하면 하나님을 기쁘시게 할 수 있다는 것을 발견합니다. 조상 아브라함의 자손이 된다는 것은 곧 영적으로 하나님의 자녀가 되는 것을 의미하는데, 이것은 "오늘 구원이 이 집에 이르렀도다"는 구원에 대한 선포입니다.

삭개오가 예수님에 대한 관심과 열정으로 주님을 만나고 구원에 이른 것같이 성도들도 세상을 향한 관심보다 생명의 주님을 만나 구원의 기쁨을 누리며 모든 것을 주님께 맡기는 삶을 살아야 할 것입니다.

"그러나 내가 가는 길을 그가 아시나니 그가 나를 단련하신 후에는 내가 순금 같이 되어 나오리라"(욥 23:10)

말씀 실천하기

1. 우리의 관심이 세상에 있지는 않은지 점검하며 살고 있습니까?
2. 주님을 만나기 원하는 열심을 갖고 있습니까?

합심 기도하기

1. 세상 근심으로부터 믿음의 성장을 막지 않게 하옵소서.
2. 진정된 회개를 통해 가정과 사회를 구원하는 역사가 있게 하소서.

06 나귀 새끼를 타신 겸손의 왕 예수

본문 말씀 눅 19:28~40

이룰 목표
- 주님께서 찾으시는 작은 나귀가 내가 아닌지 확인한다.
- 주님의 부르심으로 달라진 모습이 무엇인지 발견한다.

말씀 살피기
- 예수님이 제자들에게 부탁하신 말씀은 무엇이었습니까?(30절)
- 나귀의 임자에게 어떤 말을 하고 끌고 왔습니까?(33~34절)
- 예수님에 대해 뭐라고 큰 소리로 외쳤습니까?(38절)

소그룹 예배 인도 순서

사도신경 다 같이
찬송 141장(통 132)
기도 회원 중
본문 말씀 눅 19:28~40
새길 말씀 눅 19:33~34
헌금 찬송 359장(통 401)
헌금 기도 회원 중
주기도문 다 같이

말씀 나누기

예수님이 예루살렘에 입성하실 때, 걸어서 들어가신 것이 아니라 어린나귀를 타고 사람들의 겉옷과 종려가지를 밟으며 많은 제자들이 하나님을 찬양하는 소리를 들으며 들어가셨습니다.

그런데 왜 예수님은 걸어가시지 않고 어린나귀를 타고 들어가신 것일까요? 예수님은 3년 공생애 동안 여러 번 예루살렘에 들어가셨지만 이번에는 고난을 받고 죽게 될 것이라는 것을 알고 계셨습니다. 그래서 예수님은 예루살렘에 들어가실 때 특별한 의식을 행하셨습니다. 어린나귀를 타고 평화의 왕으로 오신 메시야라는 사실과 세상권세를 이기시고 입성하시는 승리자로서의 군왕의 모습을 상징적으로 알려주기 위함이었습니다. 예루살렘에 입성하시는 모습을 통해 구원을 위한 예수님의 희생과 사랑을 살펴보고자 한다.

1. 약속하신 말씀대로 예루살렘에 입성하셨습니다

감람산의 벳바게와 베다니에 가까이 왔을 때에 예수님은 예루살렘 입성을 준비를 위해 제자 둘을 보내 나귀 새끼를 끌고 오라고 명령하셨습니다. 주님의 명령을 받고 제자들은 준비된 나귀 새끼를 끌고 왔습니다. 그런데 준비된 나귀 새끼는 이제까지 아무도 타지 않은 연약한 나귀였습니다. 그러나 이것은 이미 스가랴서 9장 9절에 말씀하신 대로 그 약속이 이루어진 것입니다. "시온의 딸아 크게 기뻐할지어다 예루살렘의 딸아 즐거이 부를지어다 보라 네 왕이 네게 임하시나니 그는 공의로우시며 구원을 베푸시며 겸손하여서 나귀를 타시나니 나귀의 작은 것 곧 나귀 새끼니라"

주님은 하나님의 아들이시며 온 우주의 주인 되시는 분이시지만, 낮고 천한 이 이 땅에 오신 것은 이미 우리를 구원하기 위한 하나님의 섭리였습니다. 사랑의 하나님이 약속하신 구원의 역사를 열어가기 위해 겸손히 승리자의 모습으로 예루살렘에 입성하신 것입니다. 예수님이 겸손히 순종하므로 구원의 역사가 이룬 것처럼 우리도 순종하므로 구원의 길을 열어가야 됩니다.

"한 사람이 순종하지 아니함으로 많은 사람이 죄인 된 것 같이 한 사람이 순종하심으로 많은 사람이 의인이 되리라"(롬 5:19)

2. 나귀 새끼처럼 순종하는 자를 사용하십니다

성경에 나귀가 주인공 되는 이야기는 구약 민수기 22장에 하나님의 사자에게서 발람 선지자를 구하는 말하는 나귀 사건 외는 본문의 이야기가 전부입니다. 또한 여기에 쓰임 받는 나귀 새끼는 누구의 소유인지, 또 얼마의 값어치가 되는지에 대한 설명이 전혀 없습니다.

누군가에게 알려지지도 않았고, 한 번 제대로 사용 받지도 못하였고 그 값어치조차 알 수 없었던 나귀 새끼는 마치 이 땅에서 이름 없이 빛도 없이 살아가는 무명의 그리스도인처럼 누구에게도 조명 받지 못하고, 인기는커녕 존재감조차 없어 보이는 그런 사람일 것입니다.

그러나 주님은 그런 사람을 사용하십니다. 하나님의 사역에 말없이 묵묵히 순종하며 따라갈 수 있는 사람, 이해할 수도 없고 되지도 않지만 주님의 말씀에 순종하는 자가 나귀새끼와 같이 주님의 사역에 동참하며 예루살렘 입성을 이루도록 동참하게 될 것입니다.

하나님은 우리가 힘들고 어렵더라도 끝까지 견디시길 바랍니다. 그리고 견디는 자에게는 구원의 기쁨에 동참하게 만드십니다.

"그러나 끝까지 견디는 자는 구원을 얻으리라"(마 24:13)

3. 예루살렘의 멸망을 안타까워 하셨습니다

어린 나귀를 타고 입성하신 예수님은 장차 예루살렘이 멸망할 것을 아시고 우셨습니다. 예루살렘은 하나님의 성전이 위치해 있는 곳으로 유대인의 신앙과 생활의 중심이 되는 신성한 성읍이었습니다. 이러한 도성에서 하나님을 배역하고 선지자를 죽이는 일을 했으며, 하나님이 보내신 독생자까지 죽이려고 하였습니다. 뉘우쳐 회개하지 않고 하나님을 배반하여 점점 강퍅해져 가는 유대인들을 보시고 하나님의 심판으로 예루살렘이 멸망하게 될 것을 탄식하셨습니다.

주님의 비탄과 눈물 흘리심을 본받아 나라와 민족을 위해 애통하는 자가 되어야 합니다. 예수님의 구속의 은혜가 열매 맺을 수 있도록 기도하고 말씀에 순종하는 신앙을 통하여 세상을 변화시킬 수 있는 도구가 되어야 합니다. 철저히 자신을 낮추고 거룩하신 예수님을 모시고 온 나귀 새끼처럼 비록 우리의 이름을 알아주지 않으며 우리의 존재를 인정받지 못해도 구원 사역에 동참하는 삶을 살아가야 합니다.

"보라 하나님은 나의 구원이시라 내가 신뢰하고 두려움이 없으리니 주 여호와는 나의 힘이시며 나의 노래시며 나의 구원이심이라"(사 12:2)

말씀 실천하기

1. 세상이 알아주지 않아도 주님께 순종하며 살고 있습니까?
2. 어렵고 힘든 일이 있어도 주님을 바라보며 인내합니까?

합심 기도하기

1. 주님께 쓰임 받는 성도가 되게 하소서.
2. 세상을 변화시킬 수 있는 성도가 되게 하소서.

07 성전을 청결케 하시는 예수

본문 말씀 눅 19:41~48

이룰 목표
- 나의 몸이 주님이 거하시는 거룩한 성전인지 확인한다.
- 성전이 된 내 모습에서 성결치 못한 부분을 발견하고 버린다.

말씀 살피기
- 하나님의 집인 성전의 역할은 무엇입니까?(46절)
- 성전이 타락한 이유는 무엇입니까?(요 2:14)
- 우리 몸을 거룩하게 해야 하는 이유는 무엇입니까?(고전 3:17)

소그룹 예배 인도 순서

사도신경 다 같이
찬송 265장(통 199)
기도 회원 중
본문 말씀 눅 19:41~48
새길 말씀 눅 19:46
헌금 찬송 498장(통 275)
헌금 기도 회원 중
주기도문 다 같이

말씀 나누기

당시 제사장들이 제사에 사용되는 짐승들을 성전에서 매매했습니다. 먼 곳에 사는 사람들이 예배하러 성전으로 올 때 제물을 흠 없는 상태로 갖고 오기는 쉽지 않았습니다. 이러한 상황을 악용해 제사장들은 환전을 요구하는 사람들에게 비싼 환율로 환전해주었고, 또한 성전 안에서 흠 없는 짐승들을 팔 때는 비싸게 장사를 했습니다. 이것을 아시고 예수님은 성전을 장사하는 곳으로 만든 종교 지도자들을 꾸짖으시며 성전은 하나님께 예배드리고, 기도하는 집이라고 말씀하시며 성전을 정결케 하셨습니다.

종교지도자를 비롯한 모든 사람들을 대상으로 이 말씀을 선포하신 예수님은 매일 같이 성전에 나오셔서 말씀을 가르치셨습니다. 대제사장, 서기관 등 백성들의 지도자가 예수님을 미워하고 죽이려고까지 했지만 성전을 정결하게하고 가르치기를 쉬지 않으셨습니다. 이처럼 성전을 정결하게 하신 이유를 살펴보겠습니다.

1. 주님이 눈물을 흘리신 이유입니다(41~44절)

예수님은 예루살렘 성의 멸망이 가까운 것을 이미 아시고 눈물을 흘리셨습니다(눅 19:41). 왜 예루살렘을 보시고 우셨을까요? 그것은 무엇보다, 기회를 놓쳤기 때문입니다. "이르시되 너도 오늘 평화에 관한 일을 알았더라면 좋을 뻔하였거니와…보살핌 받는 날을 알지 못함을 인함이니라"(눅 19:42~44)고 하시면서 주님은 안타까워 하셨습니다.

하나님께서 구원하러 오신 때를 알고 준비하는 사람은 반드시 좋은 결과가 있을 것입니다. 마치 노아의 시대나 소돔과 고모라의 때와 같이 그 경고의 말씀을 농담으로 여기거나 무시한다면 마지막 진노의 때를 피할 수 없습니다. 예수님은 예루살렘이 멸망하는 날이 온다는 것을 아셨기에 눈물을 흘리셨습니다.

예수님 부활 이후에 사도들의 복음 증거로 말미암아 많은 사람들이 죄를 깨닫고 회개하였지만 그러나 당시에 이스라엘을 대표하는 사회지도층은 불신앙에 무지한 판단을 내렸습니다. 완악함으로 복음을 배척한 지도층으로 인해 그 백성은 고통과 심판을 받았습니다.

예루살렘의 멸망은 돌 하나도 돌 위에 남지 않을 정도로 혹독했습니다. 그것은 그들이 "보살핌 받는 날을 알지 못하였기 때문"에 당한 고통이었습니다.

예수님은 지금도 잃어버린 영혼들, 끝까지 회개치 않는 자들을 눈물 흘리시며 바라보고 계십니다. 그들이 돌이켜 살기를 간절히 바라십니다. 한 사람이라도 멸망케 되는 것을 원치 않으시는 예수님의 마음입니다.

우리도 주님의 뜻을 바로 알고 말씀을 붙잡고 정결한 몸과 마음으로 주님을 만날 수 있도록 날마다 깨어 있는 믿음을 가져야 합니다.

"만물의 마지막이 가까이 왔으니 그러므로 너희는 정신을 차리고 근신하여 기도하라"(벧전 4:7)

2. 성전이 정결함같이 우리도 성결하여야 합니다(45~46절)

그러므로 예수님은 성전을 부정하게 만든 무리를 꾸짖고 성전을 깨끗하게 하셨습니다(45절). 성전의 영광은 그 물질적인 풍요함이나 외형적인 부요함보다 성결함에 있습니다.

예수님은 성전에서 상인들을 내어 쫓으시며 "내 집은 만민이 기도하는 집이라 칭함을 받으리라"며 이유를 말씀하십니다(46절).

"장사하는 자들이 그곳에서 물건을 부정하게 매매함으로 성전을 강도의 소굴로 만들었다."고 꾸짖은 것은 성전은 거룩히 구별되어 하나님의 백성들이 기도하며 예배드리는 곳임을 각인시키고 성결하고 헌신된 모습으로 하나님 앞에 나오길 바라는 예수님의 마음이 나타난 행동이었습니다.

이 일은 제사장들과 서기관 백성의 지도자들에게는 듣기 거북한 말씀이었으며 성전에서 장사하는 사람들의 행동에는 방해가 되었을 것입니다.

예수님은 날마다 성전에서 가르치시며 성전의 기능을 회복시키셨지만 교회 지도자들은 예수님을 죽이려 하고 있습니다.(47절)

하나님의 뜻을 깨닫지 못하면 더러움과 죄악에서 벗어나지 못하고 세상 이익을 좇으며 주님을 대적하는 자가 될 수밖에 없습니다. 그러므로 말씀을 경청하고 순종함으로 하나님이 거하시는 성전을 정결하게 하며 주님의 일을 이루어 가야겠습니다.

"누구든지 하나님의 성전을 더럽히면 하나님이 그 사람을 멸하시리라 하나님의 성전은 거룩하니 너희도 그러하니라"(고전 3:17)

3. 우리 몸은 하나님의 성령이 거하시는 하나님의 성전입니다

성전을 정결하게 하신 예수님을 본받아 성령이 거하시는 성전인 우리 몸과 마음을 깨끗하게 보존해야 합니다. 깨끗하게 보존한다는 것은 예수님과 같은 마음과 성전을 사모하는 열정을 가지고 하나님의 일에 열심을 품는 것입니다.

세상을 사랑하셔서 세상을 구속하시기 위해 희생제물의 사역을 담당하시고 하나님나라를 선포하시는 예수님과 같이 주님의 자녀로서 세상에 속하지 않도록 하나님의 말씀대로 순종하며 복음을 위한 삶을 살아야 합니다.

구체적으로는 내 이웃을 내 몸과 같이 아끼고 사랑하며 나누고 베풀어 주는 것을 의미합니다. 일상생활 중에 사랑의 열매를 맺어 하나님 아버지를 기쁘게 해드리고, 예수님의 제자다운 모습이 드러날 때 이웃에게 복음을 전하는 선한 도구가 될 수 있습니다.

이것은 말씀을 떠난 사람들에게 생명의 말씀을 전하고 가르치는 제자 삼는 사역, 구원의 복된 소식을 전하는 사역, 예수님의 보혈과 십자가의 능력으로 병든 세상을 치유하는 성전의 역할을 감당하는 사역입니다.

"너희는 너희가 하나님의 성전인 것과 하나님의 성령이 너희 안에 계시는 것을 알지 못하느냐"(고전 3:16)

말씀 실천하기

1. 성전을 정결케 하려고 어떤 행동을 하고 있습니까?
2. 성전 된 자신과 가정이 예수님을 주인으로 고백하고 있습니까?

합심 기도하기

1. 날마다 우리의 부정한 것을 정결케 하여 주옵소서.
2. 국가와 사회가 말씀으로 새롭게 하여 주옵소서.

사랑의 생김새

어거스틴

사랑은 어떻게 생겼나?

사랑은

타인을 도와주는 손,

가난하고 궁핍한 사람에게

달려가는 발,

고통과 필요를

볼 수 있는 눈

그리고 탄식과 비통을

듣는 귀가 있다.

이것이 바로

사랑의 생김새다.

인자가 온 것은 섬김을 받으려 함이 아니라

도리어 섬기려 하고 자기 목숨을 많은 사람의

대속물로 주려 함이니라(마가복음 10:45)

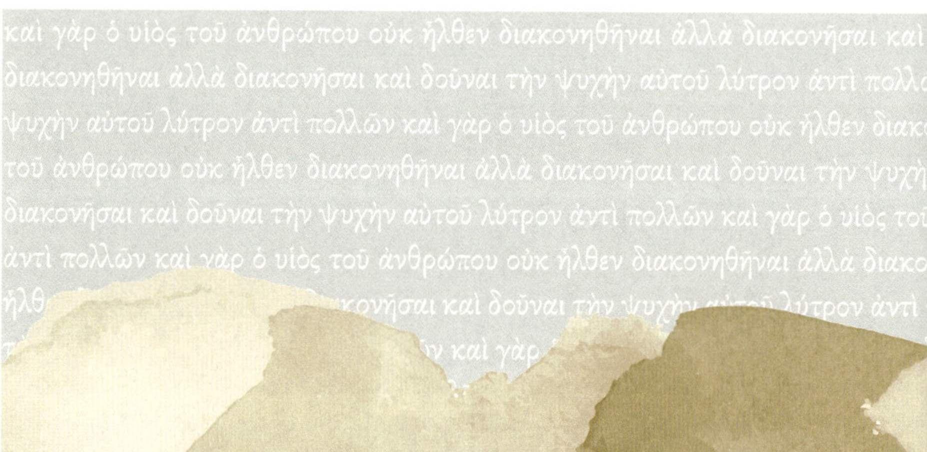

예수 그리스도의 7대 사역

PART 4

01 인자가 온 것은?

본문 말씀 막 10:32~45

이룰 목표
- 예수님이 오신 목적이 나의 목적이 되도록 확인하는 성도가 된다.
- 이 땅에서의 삶을 살 때 욕망을 어떻게 해결해 나갈 것인가를 배운다.

말씀 살피기
- 제자들이 예수님께 구하였던 것은 무엇이었습니까?(35~37, 41절)
- 예수님이 이 땅에 오신 목적은 무엇입니까?(45절)

소그룹 예배 인도 순서

사도신경 다 같이
찬송 144장(통 144장)
기도 회원 중
본문 말씀 막 10:32~45
새길 말씀 막 10:45
헌금 찬송 279장(통 337)
헌금 기도 회원 중
주기도문 다 같이

말씀 나누기

예수님은 십자가 고난과 죽음에 관해 세 번에 걸쳐 구체적으로 예고하셨으나(막 8:31, 9:31, 10:32~34), 이를 바로 이해하지 못한 야고보와 요한이 메시아 왕국이 이루어질 때 자신들에게 높은 자리를 보장해 줄 것을 요구합니다. 예수님은 온 인류의 구원을 위해 저주받은 십자가에 달려 돌아가실 순간이 가까워 오고 있었음에도 불구하고, 여전히 제자들은 지상의 메시아 왕국을 꿈꾸며 서로 더 높은 자리를 차지하겠다는 욕망에 사로잡혀 있었습니다.

근본 하나님이시나 인간의 형체를 입고 이 땅에 오사 대속의 제물로 죽기까지 낮아지시고, 속죄의 사역을 감당하신 예수님은 먼저 철저히 본을 보이신 겸손과 섬김의 삶을 제자들에게 또 오늘날 우리 성도들에게 교훈하십니다(빌 2:5~8).

1. 수난을 예고 하셨습니다

예수님은 이미 두 차례에 걸쳐서 십자가 고난과 죽음을 예고하셨으며(막 8:31, 9:31), 이제 예루살렘을 향해 올라가시면서 다시 한 번 수난을 예고하십니다(32~34절).

본문에 나타난 세 번째 수난 예고는 앞서 소개된 두 차례의 예고와 비교할 때 훨씬 구체적 내용을 담고 있습니다. 즉 유대교 지도자들이 예수님을 죽이기로 결정한 후에 이방인들의 손에 넘겨 줄 것이며, 또한 예수님이 이방인들의 능욕과 침 뱉음과 채찍질을 당하실 것이라는 사실을 분명하게 말씀하고 있습니다.

이처럼 예수님은 자신의 희생 사역에 대한 의미를 제자들에게 가르치고 있습니다. 인간의 죄를 대속하기 위해서는 십자가를 지시고 죽으셔야 함을 미리 알고 있음에도 불구하고 예수님은 아무런 주저함 없이 고난의 현장인 예루살렘으로 앞장서 나아가심으로 자기희생의 본을 보이셨습니다.

> "그는 근본 하나님의 본체시나 하나님과 동등 됨을 취할 것으로 여기지 아니하시고 오히려 자기를 비워 종의 형체를 가지사 사람들과 같이 되셨고 사람의 모양으로 나타나사 자기를 낮추시고 죽기까지 복종하셨으니 곧 십자가에 죽으심이라"(빌 2:6~8)

2. 제자들은 영광을 구했습니다

예수님은 하나님의 속죄 사역을 감당하시려고 수난을 예고하셨는데,

제자들은 어떻게 하면 높은 사람이 될 수 있을까? 어떻게 하면 으뜸이 될 수 있을까? 라는 생각으로 섬김을 받으려는 욕망에 사로잡혀 있는 것을 볼 수 있습니다.

또한 야고보와 요한은 "주의 영광 중에서 우리를 하나는 주의 우편에, 하나는 좌편에 앉게 하여 주옵소서"(37절) 라며 영광을 구하였습니다. 이때, 예수님은 "섬기는 자가 되라, 종이 되라, 죽어야 한다."라는 말씀으로 가르치셨습니다(43~45절).

이는 예수님처럼 속죄 사역에 동참하라는 가르침입니다. 그러나 안타깝게도 제자들은 깨닫지 못하고 끝까지 영광만을 바라보고 구하였습니다. 오늘을 살아가는 교회와 성도들은 예수님처럼 서로 섬기며 종이 되는 삶을 살아야 합니다.

> "이에 예수께서 제자들에게 이르시되 누구든지 나를 따라오려거든 자기를 부인하고 자기 십자가를 지고 나를 따를 것이니라. 누구든지 제 목숨을 구원하고자 하면 잃을 것이요 누구든지 나를 위하여 제 목숨을 잃으면 찾으리라"(마 16:24~25)

3. 많은 사람들의 대속물로 오셨습니다

하나님은 '속죄 사역'을 위한 대속물로 예수님을 이 땅에 보내셨습니다(요 3:13~15). 이는 하나님의 사랑과 의와 더불어 기쁘신 뜻이 잘 드러나 있습니다(요 3:16, 6:39). 또한 예수님만의 사역으로 그치는 것이 아니라, 오늘 예수 그리스도를 믿고 따르는 우리 모든 성도들의 사명이기도 합니다.

그러면 어떻게 이 사명을 감당할 수 있습니까? 먼저 예수님처럼 하나님의 주권을 인정해야 합니다. 하늘과 땅의 모든 권세가 주께 있습니다(마 28:18~20). 이것을 인정하는 것이 믿음이요, 진정한 신앙입니다. 그리고 이를 위해 기도에 힘써야 합니다(행 2:42, 4:31, 6:4). 예수님은 십자가의 속죄 사역을 감당하기 위하여 힘쓰고 애쓰며 간절히 기도하셨습니다(눅 22:44). 기도는 자신의 상황과 여건의 변화(응답)에 초점을 맞추는 것이 아닙니다. 예수님처럼 하나님의 뜻을 찾는 기도를 해야 하는 것입니다. 기도의 실패가 결국 고통으로 이어진다는 교훈을 예수님을 세 번이나 부인한 베드로를 통해서도 알 수 있습니다(마 26:69~75).

> "시험에 들지 않게 깨어 기도하라 마음에는 원이로되 육신이 약하도다 하시고"(마 26:41)

말씀 실천하기

1. 인간적인 욕망을 어떻게 버릴 수 있을까요?
2. 한 주간 동안 어떻게 예수님의 속죄 사역을 삶 속에서 실천하시겠습니까?

합심 기도하기

1. 크고자, 으뜸이 되고자, 섬김 받으려고자 하는 한계를 뛰어넘게 하소서.
2. 나의 삶의 수많은 욕망들이 변하여 주를 향한 꿈과 비전이 되게 하소서.

02 놀라운 그의 가르치심

본문 말씀 마 7:15~29

이룰 목표
- 예수님이 원하시는 열매를 맺는 성도가 된다.
- 말씀에 순종하는 지혜로운 건축자가 무엇인지 알고 실천한다.

말씀 살피기
- 예수님이 서로 비교하며 가르치신 세 가지 내용은 무엇입니까?(15~27절)
- 예수님의 말씀을 들은 무리들의 반응은 어떠했습니까? (28~29절)

소그룹 예배 인도 순서

사도신경 다 같이
찬송 199장(통 234장)
기도 회원 중
본문 말씀 마 7:15~29
새길 말씀 마 7:24~25
헌금 찬송 204장(통 379)
헌금 기도 회원 중
주기도문 다 같이

말씀 나누기

마태복음 5장에서부터 시작된 산상수훈의 결론에 해당되는 본문 말씀은 지금까지 소개된 예수님의 교훈과 가르침에 대한 실천을 강력히 촉구하고 있습니다. 본문 말씀은 크게 두 부분으로 나누어지는데, 전반부는 좋은 나무와 못된 나무(15~20절), 진정한 제자와 거짓 선지자(21~23절), 지혜로운 건축자와 어리석은 건축자(24~27절)를 서로 비교함으로써 성도들로 하여금 '행함 있는 믿음'(약 2:14~26)의 자세를 지니도록 일깨우고 있습니다.

후반부 28~29절 말씀은 예수님의 가르치심에 대한 무리들의 반응으로 그 누구에게도 들지 못한 가르치심에 무리들은 놀랐습니다. 그러면 무리들이 놀라며 느낀 그 권위 있는 예수님의 가르치심은 무엇입니까?

1. 열매로 알 수 있습니다

말씀을 왜곡시켜 가르치는 '거짓 선지자'들은 구약 시대나 신약 시대나 계속 존재해 왔습니다. 그리고 그들은 세상 끝날 때까지 여전히 계속 존재할 것입니다(렘 6:14; 마 24:24; 벧후 2:1). 그러므로 말씀을 분별하여 그들의 거짓된 유혹에 넘어가지 않도록 근신하고 깨어 주의해야 합니다(벧전 5:8).

예수님은 좋은 나무와 못된 나무(15~20절)의 비교를 통하여 거짓 선지자와 참 선지자의 판단 기준이 '열매'라고 분명히 말씀하고 있습니다. 여기서 열매는 '언행일치의 삶'을 가리키는 말로써, 이는 모든 시대에 걸쳐 거짓 선지자를 판단하는데 기준이 됩니다. 대개 사람들은 직함이나(선지자), 보여 지는 것(양의 탈), 초자연적이고 신비적인 능력에 미혹될 수 있는 여지가 많습니다. 때문에 사람의 이러한 속성을 아시는 예수님은 거짓 선지자의 판단 기준을 정확히 제시하시고 교훈하신 것입니다.

구원은 결코 행함을 통해서가 아닌 오직 믿음으로 받는 것이 사실이지만 행함이야말로 우리의 믿음을 입증할 수 있는 방법이고, 구원받은 성도라는 사실을 다른 사람들에게 증거 할 수 있는 계기가 됩니다. 또한 우리가 '좋은 나무'인 것을 증명할 수 있는 방법이기도 합니다.

"자유롭게 하는 온전한 율법을 들여다보고 있는 자는 듣고 잊어버리는 자가 아니요 실천하는 자니 이 사람은 그 행하는 일에 복을 받으리라"(약 1:25)

2. 영적 분별력을 가져야 합니다

"나더러 주여 주여 하는 자마다"(21절). 이 말씀은 입술로만 고백하는 거짓 신앙을 가리킵니다. 양의 탈을 쓴 이리와 거짓 선지자들과 같은 자로서 겉으로는 하나님의 자녀인 것처럼 위장하면서 실제로는 하나님의 뜻대로 순종하지 않아 나쁜 열매를 맺는 자들을 가리킵니다. 저들은 "우리가 주의 이름으로 … 행하지 아니하였나이까"(22절) 라고 외치지만 예수님의 생각은 달랐습니다. "불법을 행하는 자들" 이라는 것입니다.

구약에서 '불법'은 율법을 어기는 것으로 율법과 선지자를 완전하게 하시려는 예수 그리스도의 십자가의 사랑에 동참하지 않는 죄를 가리킵니다. 이것은 당시 바리새인들과 서기관들의 잘못된 신앙을 말씀하신 것입니다. 율법의 정신은 잊어버린 채 율법의 조문대로 억지와 형식만을 지키려는 회칠한 무덤과 같은 모습입니다. 율법의 정신은 "사랑"입니다.

사역자들이 사역에 몰두하다보면 동기와 목적은 잊어버린 채, 성과와 결과에만 빠질 때가 있습니다. 이유도 목적도 결과도 사랑이어야 합니다. 이것이 십자가의 정신이요. 율법의 핵심입니다(마 22:36~40).

그러므로 하나님의 뜻과 예수님의 이름을 언급하며 사람들을 깜짝 놀라게 할 만큼 신비한 이적을 행하는 자라도 그의 삶 가운데 실천적인 신앙 자세와 참된 사랑의 모습을 발견할 수 없다면, 단호히 배격할 줄 아는 영적 분별력을 가져야 됩니다(약 1:27).

> "사랑하는 자들아 영을 다 믿지 말고 오직 영들이 하나님께 속하였나 분별하라 많은 거짓 선지자가 세상에 나왔음이라 "(요일 4:1)

3. 말씀대로 행해야 합니다

지혜로운 건축자와 어리석은 건축자를 비교하는 말씀(24~27절)은 산상수훈의 총 결론으로 '예수님의 말씀을 듣고 행하는 자의 복과 듣고 행치 않는 자의 벌'을 대조적으로 기록하고 있습니다. 구원과 심판을 결정하는 조건은 하나님의 말씀에 대해 동의(고백)하고, 그 말씀대로 행하느냐 여부에 있습니다. 그러므로 예수님은 말씀에 순종할 것인지 불순종할 것인지의 양자택일의 결단을 촉구하신 것입니다.

이 세상 누구에게나 두 가지 선택의 기회가 주어집니다. '좁은 문과 큰 문', '순종과 불순종'이 그것입니다. 선택은 자유지만 그 결과는 '생명과 멸망'으로 나뉩니다. 자기 선택에 책임을 져야 합니다. 말씀대로 순종하는 지혜로운 신앙인이 그 어떤 환난과 역경을 만나도 흔들리지 않는 삶의 자세를 견지할 수 있게 합니다.

"네가 보거니와 믿음이 그의 행함과 함께 일하고 행함으로 믿음이 온전하게 되었느니라"(약 2:22)

말씀 실천하기

1. 아름다운 열매를 맺기 위하여 당신은 어떻게 하시겠습니까?
2. 한 주간 어떻게 말씀에 순종할 것인지 구체적으로 계획을 세워봅시다.

합심 기도하기

1. 아름다운 열매를 맺는 데 방해가 되는 나의 고정관념과 습관들을 깨닫게 하소서.
2. 성령님! 말씀에 순종하는 살아있는 믿음, 지혜로운 신앙의 건축자가 되게 하소서.

03 가장 의미 있는 일

본문 말씀 마 28:16~20

이룰 목표
- 전도사역을 실천하여 열매 맺는 성도가 된다.
- 복음 전파를 위해 기도로, 물질로 협력하는 성도가 된다.

말씀 살피기
- 주님의 지시대로 모인 제자들의 반응은 어떠했습니까?(16~17절)
- 주님은 어떤 권세로 우리와 함께 하십니까?(18~20절)

소그룹 예배 인도 순서

사도신경 다 같이
찬송 520장(통 257)
기도 회원 중
본문 말씀 마 28:16~20
새길 말씀 마 28:19~20
헌금 찬송 505장(통 268)
헌금 기도 회원 중
주기도문 다 같이

말씀 나누기

본문은 마태복음에서 가장 중요하고 핵심이 되는 말씀으로 마태복음 중 마지막 부분에 해당됩니다. 마태복음을 통해 예수님이 최종적으로 도달하고자 했던 목표이기도 합니다. 그래서 표현은 다르지만 사복음서에 동일하게 기록되어 있습니다(막 16:14~18; 눅 24:36~49; 요 20:19-23). 누가는 사도행전 1장 6~8절에서 다시 언급함으로 그 중요성을 한 번 더 상기시키는 것을 볼 수 있습니다. 하나님의 가장 큰 기쁨과 영광이 무엇이겠습니까? 교회의 존재 이유와 목적, 그리고 첫째 되는 사역이 무엇이겠습니까? 바로 영혼구원, 전도(선교) 사역입니다.

거듭난 성도라면 누구든지 해야 하는 사명임에도 불구하고 부담스럽고 힘들어 하는 이유가 무엇입니까? 그것은 전도에 대한 '두려움'이 자리 잡고 있기 때문입니다. 그래서 전도자에게는 담대함이 필요합니다. 두려움을 극복해야 전도 사역을 감당할 수 있기 때문입니다. 본문 말씀을 통해 그 해답을 구체적으로 찾아보겠습니다.

1. 주님의 보호를 믿고 확신해야 합니다

지금 제자들의 몸은 지시한 대로 따르기는 하지만, 마음은 아직도 두려움과 의심이 가득 찬 상태입니다(16~17절; 눅 24:38). 예수님이 "어찌하여 두려워하며 어찌하여 마음에 의심이 일어나느냐?"고 말씀하십니다. 우리의 모습도 다를 바가 없습니다. 이래서는 사명 감당할 수 없습니다. 세상에서는 마귀가 우는 사자와 같이 두루 삼킬 자를 찾고 있습니다. 이때에 담대하지 않으면 어떻게 영혼을 구원하는 전도사역을 감당할 수 있겠습니까?

예수님은 하늘과 땅의 모든 권세를 가지신 분입니다(18절). 그분과 동행 하십시오. 세상 끝 날까지 우리와 항상 함께 하겠다고 약속하셨습니다(20절). 하나님의 뜻과 의도를 알수록 우리의 믿음은 견고해집니다. 아는 단계를 넘어 하늘과 땅의 모든 권세를 가지신 분을 만나고 체험하시기 바랍니다. 하나님을 인격적으로 만나고 체험할 때, 확신과 담대함으로 사명을 감당할 수 있습니다.

"그러므로 우리가 여호와를 알자 힘써 여호와를 알자 그의 나타나심은 새벽 빛 같이 어김없나니 비와 같이, 땅을 적시는 늦은 비와 같이 우리에게 임하시리라 하니라"(호 6:3)

2. 기도해야 합니다

예수님은 마지막 사역인 십자가를 준비하면서 수제자인 베드로와 세베대의 두 아들 야고보와 요한을 데리고 함께 기도하러 겟세마네 동산에 올라가셨습니다(마 26:36~45). 그때 예수님은 땀방울이 핏방울이 될 정도로 기도에 집중하셨습니다. 그러나 제자들은 육신의 피곤함을 이기지 못하고 졸고 있었습니다. 그 모습을 보신 예수님은 제자들을 책망하셨습니다. 이는 단순히 기도하지 않았다고 책망하신 것이 아닙니다. 제자들에게 마지막으로 사역의 원리를 가르치시기 위한 것입니다. 이는 장차 올 고난과 역경을 제자들이 이겨내기 위해서는 무엇보다 기도가 필요하다는 것을 가르치시기 위한 것이었습니다.

기도는 영적 무기와도 같습니다. 사도행전 4장에서 베드로와 요한이 공회 앞에 재판을 받고 풀려납니다. 풀어준 조건이 "도무지 예수의 이름으로 말하지도 말고 가르치지도 말라"는 것입니다(행 4:18). 그러나 이들은 "보고 들은 것을 말하지 아니할 수 없다." 라며 나와서 동료들과 함께 한마음으로 소리 높여 기도합니다. "종들로 하여금 담대히 하나님의 말씀을 전하게 하여 주옵소서"(행 4:29) 그 결과 무리가 다 성령 충만하여 담대히 하나님의 말씀을 전하는 역사가 나타났습니다(행 4:31). 그러므로 기도하며 담대히 나아가야 합니다. 그때 땅 끝까지 복음이 전파될 수 있습니다.

> "항상 기뻐하라. 쉬지 말고 기도하라. 범사에 감사하라. 이것이 그리스도 예수 안에서 너희를 향하신 하나님의 뜻이니라."(살전 5:16~18)

3. 성령 충만해야 합니다

예수님은 성도들에게 천국 복음을 전파하라는 명령만 하신 것이 아니라 능력과 권세도 아울러 주셨습니다(20절). 이 약속은 오순절 성령

강림으로 성취되었습니다(행 2:1~4). 베드로가 말씀을 전할 때 신도의 수가 삼천이나 더해지는 역사는 오순절 성령강림의 역사로 나타났습니다(행 2:41). 또한 담대함으로 말씀을 전했던 스데반 집사가 초대교회 최초의 순교자가 될 수 있었던 것도 성령의 충만으로 인한 담대함 때문이었습니다(행 7:55). 주님께서는 결코 해낼 수 없는 일을 하라고 강요하시는 것이 아니라, 주님의 권능을 의지하기만 하면 능히 감당할 수 있는 일을 사명으로 주십니다. 그러므로 이제 담대함의 능력을 나타나기 위해 성령의 충만을 받아야 합니다.

> "오직 성령이 너희에게 임하시면 너희가 권능을 받고 예루살렘과 온 유대와 사마리아와 땅 끝까지 이르러 내 증인이 되리라 하시니라"(행 1:8)

말씀 실천하기

1. 담대한 일꾼이 되기 위해 어떻게 하시겠습니까?
2. 한 주간 어떻게 전도사역을 감당할 것인가 구체적인 계획을 세워봅시다.

합심 기도하기

1. 의심과 두려움을 극복할 수 있도록 하늘과 땅의 권세를 체험하게 하소서.
2. 성령 충만하여 담대히 하나님의 말씀을 전하게 하소서.

04 고침을 받으려면?

본문 말씀 막 10:46~52

이룰 목표
- 예수님의 치유(고치심) 사역을 바르게 배우고 실천한다.
- 주님의 은혜를 깨닫고 감사하는 성도가 된다.

말씀 살피기
- 바디매오는 어떤 사람이었습니까?(46절)
- 바디매오가 구원받은 것은 무엇 때문이었습니까?(47~52절)
- 구원받은 이후 바디매오의 삶은 어떻게 변했습니까?(52절)

소그룹 예배 인도 순서

사도신경 다 같이
찬송 370장(통 455)
기도 회원 중
본문 말씀 막 10:46~52
새길 말씀 막 10:52
헌금 찬송 542장(통 340)
헌금 기도 회원 중
주기도문 다 같이

말씀 나누기

마가복음에 기록된 "예수님의 치유(고치심) 사역" 가운데 마지막에 해당되는 소경 바디매오의 치유 사건입니다. 한국교회에 있어서 치유 사역은 과거로부터 현재까지 교회와 성도들에게 많은 오해와 문제를 불러일으킨 것이 사실입니다. 이는 문화적, 풍토적 배경도 있지만, 결국 무지의 결과라 할 수 있습니다. 특별히 치유는 성결교회 사중복음 중 "신유"(신유神癒라 함은 하나님의 보호로 육신이 항상 건강한 것과 병날 때에 하나님께 기도함으로써 병 고침을 받는 경험을 이름이니, 이는 하나님의 뜻이며 하나님의 약속이며, 하나님의 능력의 역사이다. / 예수교대한성결교회 헌장)의 신조와 동일하므로 본과를 통해 치유에 대하여 바르게 알고, 하나님의 영광을 드러내는 성도들이 되기를 바랍니다. 본문에서 소경 바디매오는 어떻게 예수님의 치유의 역사를 체험하게 되었습니까?

1. 먼저는 은혜였습니다

기독교와 타 종교의 치유 사이에는 다른 점이 있는데, 타 종교에서 치유의 기적은 그것을 행하는 사람의 능력으로 돌립니다. 자신이 가진 능력이기 때문에 언제나 병을 고칠 수 있다고 장담합니다. 그러나 기독교에서의 치유 사건은 치유사역을 행하는 사람의 능력이 아니라 하나님이 필요한 때에 사람을 통해 일하시는 것입니다.

본문에서 바디매오의 치유는 하나님이 일하신 역사요, 은혜입니다. 바디매오는 소문을 듣고 예수님을 찾아왔습니다. 이 자체가 은혜입니다. 또한 "다윗의 자손 예수여 나를 불쌍히 여기소서!"(47, 48절) 라는 여러 번의 부르짖음 역시, 예수님의 결정만을 바랄 수밖에 없는 연약한 인간의 모습을 잘 보여주고 있습니다. 더구나 맹인을 하나님의 저주를 받은 자로 정죄시하는 사회적 풍조(요 9:2)로 바디매오가 바랄 것은 오직 은혜밖에 없었다는 것입니다. 이와 같이 바디매오에게 베푸신 예수님의 치유사건은 오직 주님의 '은혜'입니다.

"너희는 그 은혜에 의하여 믿음으로 말미암아 구원을 받았으니 이것은 너희에게서 난 것이 아니요 하나님의 선물이라"(엡 2:8)

2. 간절한 부르짖음입니다

예수님의 은혜에 대한 바디매오의 반응입니다. 첫째가 '간절한 부르짖음'입니다. 본문 47~48절에서 그의 간절함을 볼 수 있는데, 많은 사람이 잠잠하라고 꾸짖었음에도 불구하고 그는 더욱 소리 높여 부르짖습니다. 이는 자신을 도와주실 분이 예수님 밖에 없다는 믿음의 외침이었습니다. 바디매오의 간절함이 얼마나 크다는 것을 보여주고 있습니다. 주님께서는 이런 부르짖음에 응답하십니다(렘 33:3). 또한 바디매오는 주위 사람들의 멸시와 천대에도 포기하지 않았다는 것입니다.

성장과 성숙은 장애를 극복하는 자에게 주어지는 훈장과도 같은 것입니다. 삭개오에게는 작은 키와 앞을 막는 많은 사람들이 장애가 되었고(눅 19:3), 수제자 베드로는 인간적 혈기(마 16:22), 오늘 본문의 바디매오에게는 많은 사람들의 편견과 멸시로 인한 꾸짖음의 장애가 있었습니다.

그러나 바디매오는 "더욱 크게 소리질러 이르되 다윗의 자손이여 나를 불쌍히 여기소서" 라는 간절한 부르짖음으로 장애를 극복하여 주님의 치유하심을 경험하게 되었습니다.

> "너는 내게 부르짖으라 내가 네게 응답하겠고 네가 알지 못하는 크고 은밀한 일을 네게 보이리라"(렘 33:3)

3. 확신에 찬 믿음입니다

바디매오의 두 번째 반응은 '확신에 찬 믿음'이었습니다. 바디매오가 주위 사람들의 방해에도 불구하고 더욱 적극적이고 간절한 태도로 예수님께 도우심을 호소할 수 있었던 이유는 예수님이 자신의 눈을 뜨게 해 주실 수 있다는 확신에 찬 믿음을 지니고 있었기 때문입니다. 언제나 그랬듯이 치유사역은 믿음과 뗄 수 없는 관계입니다(막 2:5, 5:34).

대부분의 경우 성도의 신앙생활에 열정이 식고 기도에도 간절함이 드러나지 않는 것은 바로 예수님에 대한 믿음의 부족으로 인한 결과입니다. 주위의 제지에도 머뭇거리지 않고, 또 겉옷조차 포기하고 신속히 주를 찾는 바디매오와 같은 확신에 찬 믿음만이 문제를 해결하고 예수님을 따를 수 있는 길입니다.

그의 확신에 찬 믿음의 절정은 치유에 있다기보다 이후 그의 태도에서 볼 수 있습니다. "예수를 길에서 따르니라"(52절) 행동은 말보다 강한 것이며 인격의 실체이며 삶의 근본입니다. 길에서 예수님을 따른 바디매오와 같이 위대한 믿음의 성도들이 되기를 바랍니다.

> "오직 믿음으로 구하고 조금도 의심하지 말라 의심하는 자는 마치 바람에 밀려 요동하는 바다 물결 같으니 이런 사람은 무엇이든지 주께 얻기를 생각하지 말라"(약 1:6~7)

말씀 실천하기

1. 주님이 원하시는 믿음의 사람이 되기 위해 어떻게 하시겠습니까?
2. 한 주간 나의 삶의 문제 해결(치유하심)을 위해 어떤 계획을 세우시겠습니까?

합심 기도하기

1. 주님의 풍성한 은혜를 깨닫고 즉각적으로 반응하게 하소서.
2. 확신에 찬 믿음으로 맡겨주신 사명, 충성되게 감당하게 하소서.

05 예수님의 기도를 배우라

본문 말씀 요 17:1~26

이룰 목표
- 예수님의 기도를 배우고 실천한다.
- 기도의 영역을 확대해 가는 중보 기도자가 된다.

말씀 살피기
- 예수님의 첫 기도는 누구를 위한 기도입니까?(1~5절)
- 제자들을 위한 중보기도 내용은 무엇입니까?(6~19절)
- 모든 성도들을 위해 기도하신 내용은 무엇입니까?(20~26절)

소그룹 예배 인도 순서

사도신경 다 같이
찬송 369장(통 487)
기도 회원 중
본문 말씀 요 17:1~26
새길 말씀 요 17:15~22
헌금 찬송 365장(통 484)
헌금 기도 회원 중
주기도문 다 같이

말씀 나누기

본문에 기록된 기도는 예수님이 십자가 고난을 준비하실 때 겟세마네 동산과 가까운 지역에서 하나님께 드린 '대제사장의 기도'라고 불려지는 중보 기도입니다. 예수님의 중보 기도는 이 땅에서의 공생애 사역을 마무리 하는 시점에서 메시아적 사역의 완성을 확신하면서 드린 기도입니다. 뿐만 아니라 하나님의 아들이시면서, 하나님과 인간 사이의 중보자이신 예수님의 모습을 더욱더 부각시키고 있다는 것을 알 수 있습니다. 기도의 롤 모델은 예수님입니다. 본문을 통해 예수님이 원하시는 기도가 무엇인지를 배우고 실천하시기 바랍니다.

1. 아버지의 뜻을 이루는 기도입니다

예수 그리스도의 생애는 전적으로 아버지의 뜻을 이루어 드리는 것 그 자체였습니다(4절). 다시 말해서 주님의 성육신과 각종 사역, 그리고 십자가 고난과 죽음에 이르기까지 어느 하나라도 예수님 스스로의 뜻에 따라 좌우되거나 결정된 것이 아니며, 이미 오래 전부터 정해 놓으신 성부 하나님의 뜻에 의한 것이었습니다(요 5:30, 6:38, 39, 7:16, 28, 8:42).

여기서 아버지의 뜻이란 '아버지의 계획과 의도'를 말합니다. 하나님은 기도하지 않는 사람에게 자신의 뜻과 계획을 보여주시지 않습니다.

우리가 생각하는 관점(땅의 것)의 기도라면 예수님은 기도할 필요가 없으신 분입니다.

복음서의 수많은 예수님의 기도 사역의 핵심이 무엇입니까? 바로 아버지의 뜻을 알고, 아버지의 뜻을 이루시는 것이었습니다. 기도가 변하지 않는 한 우리 신앙의 성장은 기대할 수 없습니다. 이제 하늘의 것, 아버지의 뜻을 위해 기도해야 합니다. '하늘에서 아버지의 뜻이 이루어진 것처럼, 이 땅에서 나와 나의 가정, 산업을 통하여 이루어지기를 원합니다.'(마 6:10). 이것이 예수님의 기도였습니다.

"마음을 살피시는 이가 성령의 생각을 아시나니 이는 성령이 하나님의 뜻대로 성도를 위하여 간구하심이니라. 우리가 알거니와 하나님을 사랑하는 자 곧 그의 뜻대로 부르심을 입은 자들에게는 모든 것이 합력하여 선을 이루느니라"(롬 8:27~28)

2. 세상을 변화(구원)시키는 기도입니다

예수님의 두 번째 기도의 내용은 제자들이 장차 복음 전파자로서 사명을 감당할 때 필연적으로 받게 될 세상의 핍박을 능히 이기고, 아버지의 뜻을 이룰 수 있게 해달라는 것입니다(6~19절). 아버지의 뜻은 제자들을 통한 '세상을 변화(구원)시키라'는 지상명령입니다. 그러면 어떻게 세상을 변화시킵니까?

그 첫 걸음을 예수님은 기도로 시작하셨습니다. 이것이 예수님의 방법이고, 아버지의 뜻입니다. 그래서 제자들을 통해 세상을 구원시키려는 계획을 세우신 예수님은 제자들에게 끊임없이 본을 보이시고 가르치셨는데 그 핵심이 바로 기도입니다. 기도하지 않고 세상을 어떻게 해보려는 그 모든 것이 교만이고, 죄입니다. 그 증거가 사도행전의 세상을 변화(구원)시킨 현장입니다. 사도행전의 또 다른 이름은 기도행전입니다(행 1:14, 2:42, 3:1, 4:31, 6:4, 8:15, 10:2, 12:12, 16:13).

부활 승천하신 예수님도 하나님 우편에서 지금도 우리를 위해 간구하고 계십니다(롬 8:34). 또한 성령께서도 친히 우리의 중보자가 되십니다(롬 8:27). 기도는 내가 원하는 것을 이루는 것이 아니라 아버지의 뜻을 세상에 실현시켜 가는 과정입니다.

"여자들과 예수의 어머니 마리아와 예수의 아우들과 더불어 마음을 같이하여 오로지 기도에 힘쓰더라."(행 1:14)

3. 하나님의 나라를 확장시키는 기도입니다

본장 전체에서 예수님의 중보기도의 두 가지 핵심 키워드는 "아버지(40회)와 세상(17회)"입니다. 이를 구체적으로 해석해 보면 "아버지의 뜻"과 "세상의 변화(구원)"로 볼 수 있습니다(요 3:17, 12:47, 16:8, 7:21, 23). 마지막 예수님의 중보기도는 요한복음 전체를 통해 늘 말씀하시던 아버지의 뜻이 하늘에서 이룬 것 같이 세상에서 이루어지는 변화와 구원의 역사(전도)를 통하여, 장차 믿게 될 미래의 성도들을 위해 간구하는 예수님의 중보 기도가 소개되고 있습니다(20~26절). 즉, 하나님의 나라 확장을 위한 기도였습니다.

성전 미문의 앉은뱅이를 일으킨 사건(행 3:1~10)으로 베드로가 설교하게 되는데, 이 설교로 믿는 자가 남자만 약 오천이나 되는 세상이 발칵 뒤집히는 역사가 일어납니다(행 4:4). 이 일로 사도들이 잡혀 공회 앞에 심문을 받고, 위협과 경고를 받고 풀려나게 됩니다(행 4:4:5~22). 교회의 핍박이 시작되었습니다. 이런 상황에 제자들이 택한 탈출구는 세상의 방법이 아닌 아버지의 뜻을 이루기 위한 '기도'였습니다.

그 결과가 "빌기를 다하매 모인 곳이 진동하더니 무리가 다 성령이 충만하여 담대히 하나님의 말씀을 전하니라"(행 4:31)였습니다. 이것이 세상을 변화(구원) 시키고, 하나님의 나라를 확장시키는 예수님의 방법, 아버지의 뜻입니다. 오늘날 교회가 복음이 약해서 하나님의 나라 확장이 안 되는 것이 아닙니다. 기도가 약해서 그렇다는 사실을 예수님의 기도사역을 통해 깨닫고 실천해야 합니다.

"우리는 오로지 기도하는 일과 말씀 사역에 힘쓰리라 하니"(행 6:4)

말씀 실천하기

1. 구체적으로 중보 기도할 명단과 내용을 기록하고 정리해 봅시다.
2. 한 주간 어떻게 기도의 시간과 장소를 정해 실천하겠습니까?

합심 기도하기

1. 일에 묶여 기도하지 못했던 것, 나의 것만을 위해 기도하던 습관이 변화되게 하소서.
2. 나와 가정, 그리고 교회를 향한 아버지의 뜻을 구하고 행하게 하소서.

06 섬김의 본이 되신 예수님

본문 말씀 요 13:1~20

이룰 목표
- 겸손의 왕이신 예수 그리스도를 배우고 실천하는 성도가 된다.
- 섬김과 봉사의 삶을 실천하여 하나님 나라 확장에 앞장서는 성도가 된다.

말씀 살피기
- 저녁 식사 자리에서 예수님이 하신 일은 무엇이었습니까?(1~5절)
- 예수님이 어떻게 하지 않으면 너와 내가 상관이 없다고 하셨습니까?(6~11절)
- 예수님이 제자들에게 본을 보이신 이유는 무엇입니까?(12~20절)

소그룹 예배 인도 순서

사도신경 다 같이
찬송 393장(통 447)
기도 회원 중
본문 말씀 요 13:1~20
새길 말씀 요 13:14~17
헌금 찬송 212장(통 347)
헌금 기도 회원 중
주기도문 다 같이

말씀 나누기

본문 말씀은 그리스도께서 하늘 영광 버리시고 죄인들을 구원하시기 위해 이 땅에 오셔서 십자가에 달려 죽으시기까지 종의 모습으로 섬김의 도를 행하신 것(빌 2:6~8)처럼 12제자들과 그리스도의 제자 된 신약의 전 성도들, 그리고 장차 그리스도의 제자가 될 믿음의 성도들에게 서로 겸손히 섬기는 자가 되라고 최후의 만찬 자리에서 제자들의 발을 씻기신 사건을 소개하고 있습니다.

예수님이 제자들의 발을 씻기신 행동은 제자들을 매우 당황케 했습니다. 발을 씻겨 주는 일은 종의 일이었습니다. 그러니 제자들이 놀란 것은 당연한 일이었습니다.

예수님은 제자들의 발을 다 씻기신 후 "내가 주와 또는 선생이 되어 너희 발을 씻었으니 너희도 서로 발을 씻어 주는 것이 옳으니라"(14절) 이와 같이 주님께서는 "서로 발을 씻기는 자가 되라"고 가르치셨습니다. 그러면 그 가르치심의 진정한 의미는 무엇입니까?

1. 이기심을 버리라는 것입니다

사람이 이기적인 자기중심의 생각에 사로잡혀 있는 동안에는 결코 다른 사람의 발을 씻길 수 없습니다. 그러므로 먼저 이기심을 내려놓아야 합니다. 이기적인 마음은 자기밖에 모르는 어린아이와 같은 마음입니다. 그런데 오늘날 믿는다고 하는 사람들 중에 자기밖에 모르는 이기적인 사람이 의외로 많다는 것입니다.

기독교가 강조하는 정신은 예수님이 말씀하시고 보여주신 것과 같은 이타적인 정신입니다(마 19:19). 주님은 한 순간도 자기 자신을 위해 살지 않으셨습니다. 생명까지도 죄인들을 위해 대속물로 내어주신 정도로 철저히 이타적인 삶을 실천하셨습니다(막 10:45). 그리고 제자들의 발을 씻기는 것을 본문 말씀을 통해 친히 모범을 보여 주셨습니다. 그러므로 서로 발을 씻기는 자가 되기 위해서는 이기심을 버리는 일부터 실천해야 합니다.

> "무례히 행하지 아니하며 자기의 유익을 구하지 아니하며 성내지 아니하며 악한 것을 생각하지 아니하며"(고전 13:5)

2. 자신을 낮추라는 것입니다

누가복음 22장을 보면, 최후 만찬이 있던 날 저녁에 제자들 중에서 "누가 제일 큰 자인가?"(24절)에 대한 다툼이 있었습니다.

그런데 직접 종의 일을 하신 예수님의 행동에 제자들의 마음이 얼마나 찔렸겠습니까? 우리에게 교훈하는 바가 큽니다. 남의 발을 씻기는 일은 종이나 노예가 하는 일입니다. 그런데 주님께서는 주와 선생으로 제자들의 발을 씻기셨습니다. 자신을 철저히 낮추신 것입니다. 그러므로 "서로 발을 씻기는 자가 되라"는 말씀은 자신을 낮추는 겸손한 자가 되라는 말씀입니다.

자기를 낮추지 않고서는 다른 사람의 발을 결코 씻길 수 없습니다. 이것은 바로 십자가의 죽음으로 가는 겸손의 첫 걸음이라고 할 수 있습니다. 주님께서 십자가를 지신 사건이야말로 겸손의 절정을 이루는 사건이기 때문입니다(빌 2:5~8). 우리도 예수님처럼 죽기까지 낮아져야 합니다. 그렇게 해야 원수의 발까지도 씻길 수가 있습니다.

> "사람의 모양으로 나타나사 자기를 낮추시고 죽기까지 복종하셨으니 곧 십자가에 죽으심이라"(빌 2:8)

3. 사람들을 섬기라는 것입니다

앞에서 주님께서 서로 발을 씻기라는 의미가 '이기심을 버리고, 자신을 낮추라'는 것임을 알았습니다. 이것은 이러한 마음가짐으로 사람들을 섬기라는 명령입니다. 이것이 주님의 생애셨고 핵심 사역이었습니다(막 10:45).

그러나 본질상 진노의 자녀인 우리가 아무리 거듭났다 해도 이기심을 버리고 자신을 낮추어 사람들을 섬긴다는 것은 결코 쉬운 일이 아닙니다. 그래서 예수님이 가르쳐주신 방법이 기도였습니다. 주님의 은혜 없이는 섬길 수 없습니다. 섬기는 것보다는 섬김을 받고 싶은 게 우리의 본성이기 때문에 기도해야 합니다. 기도할 때만이 예수님이 보여주신 섬김의 삶을 살 수 있습니다.

더불어 성령 충만을 구해야 합니다. "믿는 사람이 다 함께 있어 모든 물건을 서로 통용하고 또 재산과 소유를 팔아 각 사람의 필요를 따라 나눠주며"(행 2:44~45) 초대교회 이러한 섬김의 역사는 오순절 성령 강림의 역사였습니다. 섬김의 사역은 힘과 능력이 있어야 끝까지 감당할 수 있습니다. 내 힘으로 불가능합니다. 성령 충만할 때 하나님이 공급하시는 힘으로 능히 기쁨으로, 탁월하게 감당하게 되는 것입니다(행 1:8; 벧전 4:11).

> "인자가 온 것은 섬김을 받으려 함이 아니라 도리어 섬기려 하고 자기 목숨을 많은 사람의 대속물로 주려 함이니라"(막 10:45)

말씀 실천하기

1. 구체적으로 다른 사람의 연약함을 어떻게 섬기겠습니까?
2. 한 주간 어떻게 섬김과 봉사의 삶을 계획하고 실천하시겠습니까?

합심 기도하기

1. 이기심과 교만을 물리치도록 성령님 주장하여 주소서.
2. 가정과 교회, 직장(학교)이 섬김과 봉사의 장이 되게 하소서.

07 마지막 사랑 이야기

본문 말씀 요 21:1~23

이룰 목표
- 예수님처럼 끝까지 사랑으로 제자사역에 동참하는 성도가 된다.
- 내게 맡겨진 사명을 깨닫고 실천하여 열매 맺는 성도가 된다.

말씀 살피기
- 부활하신 예수님이 제자들을 찾아가 베푸신 이적은 무엇입니까?(1~14절)
- 예수님은 베드로에게 어떤 사명을 주셨습니까?(15~17절)
- 예수님은 누구누구의 미래에 대해 예고하셨습니까?(18~23절)

소그룹 예배 인도 순서

사도신경 다 같이
찬송 540장(통 219)
기도 회원 중
본문 말씀 요 21:1~23
새길 말씀 요 21:19
헌금 찬송 456장(통 509)
헌금 기도 회원 중
주기도문 다 같이

말씀 나누기

요한복음은 사실 20장에서 일단락 되었습니다. 그런데 굳이 본장을 기록한 요한의 의도가 무엇입니까? 여러 이유가 있지만 그 핵심은 제자들의 신앙회복과 제자들을 향한 예수님의 사랑입니다. 특히 수제자 베드로에게 그 초점이 맞추어져 있는 것을 볼 수 있습니다. 이것은 당시의 제자들에게만 국한되는 것이 아니라 동일한 '복음 증거의 사명'을 부여받은 우리 모든 성도들에게도 해당되는 것입니다(엡 6:10~20). 그러면 제자들을 회복시키시는 예수님의 마지막 사랑 이야기는 무엇입니까?

1. 끝까지 사랑하셨습니다

예수님이 동일한 질문(네가 날 사랑하느냐?)을 세 번씩이나 하셨기에 베드로는 매우 당황했을 것입니다. 하지만 이것은 잘못을 깨닫게 하고, 용서해 주시려는 사랑의 의도입니다. 왜냐하면 주님께서 베드로를 정죄하려는 데 목적이 있었다면 제자들 가운데서 제외시켰을 것입니다. 그러나 예수님은 그렇게 하지 않으셨습니다. 예수님이 때로 징계와 시련을 주시는 것은 사랑하기 때문입니다(히 12:5~6). 그것은 우리를 향한 용서의 표현이고, 변함없는 사랑의 증거입니다.

베드로는 주님의 이 세 번의 질문을 통하여 주님과의 관계를 완전히 회복하게 되었습니다. 또한 예수님은 많은 제자들 앞에서 수제자로서의 권위를 회복시키시고, 그를 새롭게 변화시켜 사명을 맡기시고자 하신 것입니다. 이것이 끝까지 사랑하신 예수님의 제자 사역입니다. 아마도 베드로는 이 사건을 평생 잊지 못하고 가슴에 새기며, 사역의 이유와 근거 그리고 힘이 되었을 것입니다.

> "내 아들아 주의 징계하심을 경히 여기지 말며 그에게 꾸지람을 받을 때에 낙심하지 말라 주께서 그 사랑하시는 자를 징계하시고 그가 받아들이시는 아들마다 채찍질하심이라"(히 12:5~6)

2. 소명을 일깨우셨습니다

일곱 명의 제자들은 십자가 고난을 당하시기 전과 부활 직후에 주신 두 차례의 약속(마 28:7; 막14:28, 16:6)을 잊지 않고, 함께 모여 예수님을 기다리고 있었습니다. 어떤 이는 제자들이 사명(복음전파)을 포기하고 옛날의 직업으로 되돌아간 것이라고 말하기도 하지만, 이곳에서 다시 만나자고 하신 주님의 약속을 기다리고 있었던 것입니다. 이러한 사실은 디베랴 바닷가에 나타나신 예수님이 마치 제자들을 처음 부르셨을 때(눅

5:1~11)와 비슷한 이적을 보이신 것을(3~6절) 통해 유추할 수 있습니다.

즉, 주님의 부활을 체험한 제자들이 복음 증거의 사명을 본격적으로 감당해야 하는 시기가 이르렀음을 보여 주는 것입니다. 그와 동시에 "사람 낚는 어부"(마 4:19)가 되기 위해 제자로 부름 받은 그들의 소명을 새롭게 일깨우기 위한 것이기도 합니다. 또한 사람 낚는 어부가 될 수 있는 참된 비결은 인간의 기술이나 경험이 아니라, 오직 주님의 말씀에 전적으로 의지하고 순종하는 데에 있다는 사실을 제자들에게 다시 일깨워 주신 것입니다(눅 5:5).

"시몬이 대답하여 이르되 선생님 우리들이 밤이 새도록 수고하였으되 잡은 것이 없지마는 말씀에 의지하여 내가 그물을 내리리이다 하고"(눅 5:5)

3. 사명을 맡겨주셨습니다

예수님은 베드로와의 사랑의 문답으로 세 번이나 자신을 부인한 적이 있는 베드로에게 세 번씩이나 사랑을 확인하시고 곧바로 사명을 맡기셨습니다(15~17절). 사명을 주셨다는 것은 다시 '너를 믿는다.'는 예수님의 사랑의 표현입니다. 사랑은 책임이 따릅니다. 베드로 역시 말로만의 사랑이 아니라, 이 사명 감당을 통하여 지난날의 실수를 만회하고자 하는 열정과 감사로 넘쳐났을 것입니다.

그런데 예수님은 이전에 친히 붙여준 '베드로'(반석)라는 이름 대신에 '요한의 아들 시몬'이라는 원래의 이름을 사용하여 부르셨다는 사실에 주목해야 합니다(15~17절). 아마도 이와 같은 호칭을 통하여 베드로는 자신이 얼마나 '반석'이라는 이름에 걸맞지 않는 삶을 살았었는지 되돌아 봤을 것입니다. 예수님은 베드로가 앞으로 어떻게 사명을 감당해야 하는지를 가르치신 것입니다. 베드로는 이후로 철저히 겸손한 자세로 사명을 감당했습니다(행 10:26). 이러한 사실은 사도행전을 통하여 베드로가 초대 교회의 형성 과정에서 얼마나 중요한 역할을 감당했는지를 잘 알 수 있습니다. 또한 사랑의 문답은 사명을 감당할 때 과거 자신과 같은 어린 양들을 끝까지 사랑으로 감싸 안을 수가 있는 힘(이유)과 위로가 되었을 것입니다.

"그 주인이 이르되 잘하였도다 착하고 충성된 종아 네가 적은 일에 충성하였으매 내가 많은 것을 네게 맡기리니 네 주인의 즐거움에 참여할 지어다" (마 25:21)

말씀 실천하기

1. 주님께서 맡겨주신 사명 감당을 위해 어떻게 하시겠습니까?
2. 한 주간 복음 전파를 위하여 어떤 계획을 세우시겠습니까?

합심 기도하기

1. 충성스런 종으로 여기고 우리에게 맡겨주신 직분, 겸손히 끝까지 헌신하게 하소서.
2. 주변에 있는 많은 사역자들을 위해 중보 기도하게 하소서.

인자가 온 것은 섬김을 받으려 함이 아니라

도리어 섬기려 하고 자기 목숨을 많은 사람의

대속물로 주려 함이니라(마가복음 10:45)

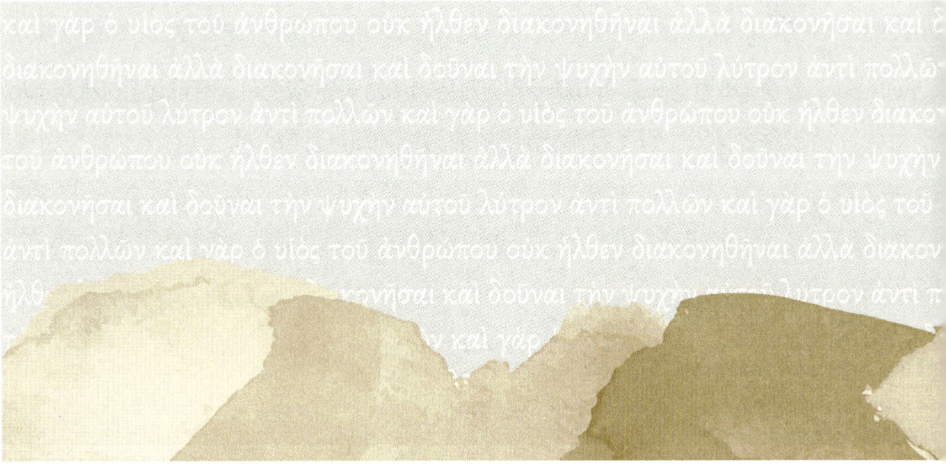

예수 그리스도의 구속 사역

PART 5

01 잃은 양을 찾는 목자의 헌신

본문 말씀 눅 15:1~7

이룰 목표
- 목자 되신 예수님의 사랑이 어떤 것인지를 배운다.
- 영혼구원을 위해 모든 삶을 바치신 예수님의 사랑과 열정을 배운다.

말씀 살피기
- 죄인과 함께 음식 먹는 예수님을 향해 수군거린 사람들은 누구입니까?(2절)
- 찾을 때까지 찾아다닌 양의 수는 몇 마리입니까?(4절)
- 죄인 한 사람이 회개하면 하늘에서는 회개할 것 없는 의인 몇 명이 있는 것보다 더 기뻐합니까?(7절)

소그룹 예배 인도 순서

사도신경 다 같이
찬송 380장(통 424)
기도 회원 중
본문 말씀 눅 15:1~7
새길 말씀 눅 15:7
헌금 찬송 527장(통 317)
헌금 기도 회원 중
주기도문 다 같이

말씀 나누기

예수님은 그리스도인들이 항상 행복하기를 원하십니다. 그리스도인은 세상의 기준으로 볼 때 자랑할 것 없고, 연약해 보이지만 계산할 수 없는 하나님의 특별한 사랑을 받은 자녀이기에 행복하기를 바라십니다. 본문 1-2절을 보면, 세리와 죄인들이 예수님의 말씀을 들으려 가까이 나왔습니다. 예수님은 이런 죄인들을 영접하시고, 함께 음식을 나누며 천국복음을 전파하셨습니다.

예수님은 죄인들을 보실 때 사랑의 눈으로 보셨지만 바리새인과 서기관들은 달랐습니다. 그들은 사람들을 정죄하며 업신여겼습니다.

뿐만 아니라 예수님을 비난했습니다.

그리스도인들은 십자가의 보혈 아래에서 모두가 한 형제입니다. 비판자가 되기보다는 격려하는 사람이 되어야 합니다. 잃은 양을 찾는 목자의 비유를 통해 주님은 말씀하십니다.

1. 하나님은 잃어버린 한 마리 양도 귀하게 생각하십니다

깊은 밤 산 속에서 눈물을 흘리며 헤매는 한 마리 잃어버린 양에게 하나님의 마음이 향하셨습니다. 하나님은 생명을 바쳐서 그 잃은 양 한 마리를 찾으셨습니다. 한 마리 양을 구하는데 필요한 고생과 수고는 비효율적입니다. 그 밤에 그런 고생을 하느니 차라리 죽게 버려두는 것이 더 이익일 것입니다. 그렇게 하는 것이 세상적인 기준입니다.

그러나 하나님의 사랑은 안전한 곳에 있는 아흔아홉 마리 양에게 있는 것이 아니라 산에서 길을 잃은 상처투성이의 한 마리 양에게 있습니다. 사랑받을 만한 가치가 있어서 사랑하신 것이 아닙니다.

이와 같은 하나님의 조건 없으신 사랑이 우리를 사랑하시고 구원하셨습니다. 이는 사랑을 받을 만한 조건, 가치가 있어서가 아닙니다. 하나님의 관심은 세상에 있는 어떤 것보다도 잃어버린 한 생명의 구원이기 때문입니다.

> "이와 같이 이 작은 자 중의 하나라도 잃는 것은 하늘에 계신 너희 아버지의 뜻이 아니니라"(마 18:14)

2. 하나님은 우리의 잘못을 조건 없이 용서하십니다

우리는 진심으로 회개하면 어떤 흉악한 죄도 용서받을 수 있는 특권을 가진 존재입니다. 양이 길을 잃어버린 것은 목자의 실수입니까? 양의 실수입니까? 양의 실수입니다. 목자가 가지 말라고 한 곳에 양이 갔습니다. 우리가 고생하고 어려움을 겪는 것은 하나님의 실수 때문이 아니라 우리의 실수 때문입니다. 우리가 잘못해서, 교만해서, 버릇이 없어서 이리 부딪치고 저리 부딪쳐 온몸이 상처투성이가 된 것입니다.

그런데 본문 말씀을 보면, 목자가 양의 실수에 대해 책임을 묻거나 정죄하지 않습니다. 오히려 하나님이 책임을 지시고 용서의 길을 만드셨습니다.

사람은 이기적이고 교만하고 자기중심적입니다. 본질상 진노의 자식입니다. 스스로 절망을 선택하고 불행을 자초합니다. 그러나 하나님은 이처럼 교만하고 어리석은 인간을 조건 없이 사랑하셔서 외아들을 십자가에서 죽게 하셨습니다. 잃어버린 양을 찾는 목자에게서 바로 이러한 하나님의 사랑을 볼 수 있습니다.

"우리가 아직 죄인 되었을 때에 그리스도께서 우리를 위하여 죽으심으로 하나님께서 우리에 대한 자기의 사랑을 확증하셨느니라"(롬 5:8)

3. 하나님의 사랑은 기다리는 사랑이 아니라 찾으시는 사랑입니다

목자는 양이 제 발로 걸어 들어올 때까지 기다리지 않습니다. 엄청난 고난과 수고의 길을 걸으시면서 양을 찾아갔습니다. 탕자의 비유는 어떻습니까? 탕자가 집을 나갔다가 다시 회개하는 마음으로 돌아왔습니다.

그 때 아버지는 집 안에 앉아 기다리지 않았습니다. 문 밖에 나가 기다리다가 아들의 모습을 보고 뛰어가 얼싸안고 반기며 맞아 주었습니다. 하나님은 우리가 떠날 때부터 이미 용서하시며 문 열고 기다리고 계셨고, 위험을 무릅 쓰고 우리를 찾으십니다.

우리가 어떤 상황에 있을지라도 주님은 우리를 포기하지 않으십니다. 한 영혼도 버려두지 않으시고 찾아내어 구원의 길로 인도하십니다.

"… 아직도 거리가 먼데 아버지가 그를 보고 측은히 여겨 달려가 목을 안고 입을 맞추니"(눅 15:20)

말씀 실천하기

1. 나를 미워하는 사람까지 조건 없이 용서하는 마음을 가지고 있습니까?
2. 내 주위에 있는 잃어버린 영혼을 찾아 주님 앞으로 인도하고 있습니까?

합심 기도하기

1. 나를 미워하는 사람을 사랑할 수 있는 마음을 주소서.
2. 잃은 양을 찾는 예수님의 뜨거운 심장이 내 마음에도 느껴지게 하소서.

02 구속의 십자가를 위한 예수님의 발걸음

본문 말씀 눅 18:31~34

이룰 목표
- 예수님의 사명이 무엇인지를 배운다.
- 사명을 위해 십자가 죽음까지도 순종하신 예수님의 모습을 배운다.

말씀 살피기
- 예수님이 제자들을 데리고 올라가신 곳은 어디입니까?(31절)
- 누가 이방인에게 넘겨져 희롱당하고 능욕 당하십니까?(32절)
- 그들이 채찍질하고 그를 죽일 것이지만 며칠만에 다시 살아나십니까?(33절)

소그룹 예배 인도 순서

사도신경 다 같이
찬송 459장(통 514)
기도 회원 중
본문 말씀 눅 18:31~34
새길 말씀 눅 18:33
헌금 찬송 456장(통 509)
헌금 기도 회원 중
주기도문 다 같이

말씀 나누기

본문 말씀을 보면 갈릴리 사역을 마치고 예루살렘으로 올라가시는 예수님이 나타납니다. 예수님은 제자들에게 예루살렘으로 올라가시는 목적을 분명하고 확실하게 설명하셨습니다.

첫째는 대제사장들과 서기관들에 의해 죽임을 당하게 될 것을 말씀하셨습니다. 둘째는 죽임을 당하기 전에 이방인들의 손에 넘겨져서 능욕과 침 뱉음과 채찍질 당하게 될 것을 말씀하셨습니다. 셋째는 십자가에 못 박혀 죽은 후에 삼 일 만에 다시 살아날 것을 말씀하셨습니다. 예수님은 십자가의 고난과 죽음 그리고 부활을 말씀하신 것입니다. 우리는 본문 말씀에서 중요한 몇 가지 사실들을 배우게 됩니다.

1. 예수님은 자신이 어떻게 죽어야 할지를 분명히 알고 계셨습니다

예수님은 자신이 세상에 왜 왔는지를 정확하게 알고 계셨습니다. 많은 사람들은 살기 위해 여러 가지 일을 합니다. 잘살기 위해, 행복하고 성공하기 위해 열심히 삽니다. 그러나 예수님은 죽으시기 위해 오셨습니다.

갈릴리 사역에서 예수님의 인기는 하늘을 찌를 듯했습니다. 죽은 자가 살아나고, 병든 자가 낫고, 폭풍 치는 바다가 잠잠하고, 말씀이 선포될 때마다 놀라운 역사가 일어났습니다. 많은 기적이 일어났고, 구름떼처럼 사람들이 모여들었습니다. 그리고 박수갈채를 받고 있었습니다. 그러나 예수님은 이 땅에 오신 목적과 때를 아시고 이제 갈릴리 사역을 마치고 예루살렘으로 올라가고 계십니다.

그러면 예수님의 목표, 사역의 본질은 무엇입니까? 십자가에서 피 흘려 죽는 것입니다. 십자가에서 죽으심으로 죄인들을 위한 속죄를 단번에 이루시는 것이었습니다. 그것을 예수님은 한 번도 잊어버린 적이 없으셨습니다. 그래서 가장 인기 절정일 때 예수님은 예루살렘으로 발걸음을 옮기기로 결정하셨습니다.

> "보라 우리가 예루살렘으로 올라가노니 인자가 대제사장들과 서기관들에게 넘겨지매 그들이 죽이기로 결의하고"(마 20:18)

2. 예루살렘에 올라가면 고난과 죽음이 기다리고 있다는 사실을 아셨지만 가셨습니다

본문 31절에 "선지자들을 통하여 기록된 모든 것이 인자에게 응하리라"고 기록 되어있습니다. 예루살렘으로 올라가 십자가를 지는 것은 구약 예언자들의 예언의 응답이었습니다. 이것은 예수님 혼자 잠깐 생각해보고 결정하신 것이 아니라 하나님의 놀라운 섭리이며 계획이었던 것입니다. 메시아는 고난을 받아야 했습니다. 메시아는 죽어야 했습니다.

십자가의 죽음 이전에 능욕당하고 침 뱉음을 당하고 채찍질을 당한다고 했습니다. 실제로 예수님이 예루살렘에 도착하신 후, 체포당하고 십자가를 지셨을 때 어떤 일이 있었습니까? 사람들이 가시로 만든 관을 씌울 때 그 얼굴은 가시에 찢겨졌고 피로 온 얼굴이 물들었습니다. 예수님은 쇳조각이 달린 가죽 채찍으로 수없이 맞아서 그 살갗이 찢어지고 온 몸이 피로 물드셨습니다.

예수님은 고난 받는 메시아셨습니다. 예수님은 하나님이며 인간입니다. 그러므로 우리와 똑같이 아프시고, 똑같이 외롭고, 똑같이 고독하셨던 것입니다. 그러나 예수님은 고난을 피하지 않으셨습니다. 이런 의미에서 고난은 그리스도인의 표시입니다. 예수님의 삶에는 갈등이나 주저함이 없습니다. 정확한 때에 정확하게 행동하십니다.

"그가 찔림은 우리의 허물 때문이요 그가 상함은 우리의 죄악 때문이라 그가 징계를 받으므로 우리는 평화를 누리고 그가 채찍에 맞음으로 우리는 나음을 받았도다"(사 53:5)

3. 예수님이 십자가 죽음 이후에 이루실 일은 부활이었습니다

십자가의 죽음 이후 부활이 있음을 확실히 믿으셨습니다. 고난과 죽음이라는 흑암 속에 나타난 부활의 광채를 확신하신 것입니다. 고난, 죽음, 그리고 부활이 통시적으로 예수님의 심령 속에 있었습니다. 본문 33절에 "그는 삼 일 만에 살아나리라"고 말씀하셨습니다.

부활의 신앙은 곧 생명의 신앙입니다. 어떤 고난과 죽음도 이길 수 있다는 신앙입니다. 예수 그리스도의 부활을 믿는 사람들에게 이 세상의 고난은 더 이상 고난일 수가 없으며 세상의 죽음은 더 이상 죽임일 수 없습니다. 그런 까닭에 그리스도인은 죽음도 두려워하지 않습니다.

> "사망아 너의 승리가 어디 있느냐 사망아 네가 쏘는 것이 어디 있느냐"(고전 15:55)

말씀 실천하기

1. 하나님께서 나를 이곳에 세우신 사명은 무엇입니까?
2. 어떠한 고난과 시험이 있어도 맡겨진 사명을 끝까지 감당하고 있습니까?

합심 기도하기

1. 나의 사명을 위해 끝까지 헌신할 수 있는 믿음을 주소서.
2. 부활 신앙의 증인이 되게 하소서.

03 복음과 기도 외에는

본문 말씀 눅 19:45~46

이룰 목표
- 성전을 사랑하신 예수님의 마음을 배운다.
- 성전이 어떤 곳인지를 배운다.

말씀 살피기
- 예수님이 가신 곳은 어디입니까?(45절)
- 예수님이 성전에서 어떤 사람들을 내쫓으셨습니까?(45절)
- 예수님은 성전이 어떤 곳이라고 말씀하셨습니까?(46절)

소그룹 예배 인도 순서

사도신경 다 같이
찬송 365장(통 484)
기도 회원 중
본문 말씀 눅 19:45~46
새길 말씀 눅 19:46
헌금 찬송 361장(통 480)
헌금 기도 회원 중
주기도문 다 같이

말씀 나누기

예루살렘으로 들어오신 예수님이 제일 먼저 찾아간 곳은 어디입니까? 바로 성전입니다. 왜 성전에 가셨습니까? 성전은 하나님께 예배드리는 곳으로 하나님의 임재하심을 상징하는 장소였기 때문입니다. 다른 곳에도 하나님이 계시지만 예수님은 특별히 구별된 장소인 성전에 하나님을 만나러 가셨습니다.

그런데 성전에 들어서자마자 예수님의 눈에 성전에서 장사하는 상황이 눈에 들어왔습니다. 성전의 본질을 잊은 그들을 향해 분노하신 예수님은 장사하는 자들을 내쫓으셨습니다. 예수님의 분노는 우리의 분노와 다릅니다. 예수님이 분노하셨으니까 우리도 분노 할 수 있다고 생각해서는 안 됩니다. 예수님의 분노는 죄 없는 자의 분노요, 우리의 분노는 죄인의 분노입니다. 본질적으로 다른 것입니다. 예수님은 거룩한 분노, 즉 하나님의 분노입니다. 성전에서 장사하는 무리들의 상을 엎으시고, 밖으로 내쫓으셨습니다. 본문을 통해 몇 가지 중요한 사실을 살펴보겠습니다.

1. 성전은 하나님이 거하시는 집이며 만민이 기도하는 집입니다

본문 46절에 "기록된 바, 내 집은 기도하는 집이 되리라 하였거늘 너희는 강도의 소굴을 만들었도다"라고 말씀하고 있습니다. 성전은 기도하는 곳이지 정치하는 곳이 아닙니다. 성전은 예수의 이름으로 장사하는 곳도 아닙니다. 사회개혁이나 구제 사업을 하는 곳도 아닙니다. 성전이란 교육 사업이나 병원 사업하는 곳도 아닙니다.

교회는 상처받고 버림받은 영혼들이 주님 앞에 와서 기도하는 곳입니다. 하나님의 집인 교회는 병들고 상처받은 영혼들이 와서 위로받는 곳이고, 치료받는 곳입니다. 그리고 기도하는 곳입니다.

왜 교회가 세상에서 교회로서의 역할을 못합니까? 교회의 본질을 잃어 버렸기 때문입니다. 하나님이 보여주신 말씀을 지키고 행할 때, 빛과 소금의 역할을 할 수 있습니다. 예수님 당시 사람들은 성전인 하나님의 집을 사람들의 집으로 바꾸었고, 기도하는 집을 장사하는 곳으로 바꾸었습니다. 그래서 예수님은 거룩한 분노를 표현하신 것입니다.

> "내가 곧 그들을 나의 성산으로 인도하여 기도하는 내 집에서 그들을 기쁘게 할 것이며 그들의 번제와 희생을 나의 제단에서 기꺼이 받게 되리니 이는 내 집은 만민이 기도하는 집이라 일컬음이 될 것임이라"(사 56:7)

2. 하나님은 교회가 순결하기를 원하십니다

오늘날 교회의 문제는 순결입니다. 아무리 많은 것을 배운들 순종하는 태도나 순결한 태도가 없다면 교회로서의 생명력은 없습니다. 부부 사이에 제일 중요한 것은 무엇입니까? 서로간의 순결한 사랑입니다. 남편이 돈을 산더미처럼 갖다 준다 해도 다른 여자를 사랑한다면 기쁘지 않습니다.

이처럼 하나님께서도 우리에게 순결을 원하시고 진실하기를 원하십니다. 그러므로 교회는 순결한 마음과 진실 된 모습으로 하나님 앞에 바로 서서 교회의 사명을 감당해야 됩니다.

참된 예배란 사리사욕을 추구하는 이러한 불순한 동기들, 잘못된 양심들을 청소하는 데부터 시작됩니다. 하나님이 원하시는 것은 제사가 아니라 상한 심령입니다. 어떤 때는 기도도 하지 못하고 "오, 주님!"이라는 한마디만 할 수 있습니다. 이 한마디 표현 안에 기도, 헌금, 봉사를 담을 수 있습니다. 무엇보다 진실하고 순결한 마음이 중요합니다.

"하나님은 영이시니 예배하는 자가 영과 진리로 예배할지니라"(요 4:24)

3. 바로 우리가 주님의 성전이라는 사실입니다

요한복음 2장 19절에 예수님은 사람들에게 이렇게 말씀하셨습니다. "너희가 이 성전을 헐라 내가 사흘 동안에 일으키리라." 이 말을 이해하지 못했던 사람들은 '아니, 이 성전이 46년 동안 지은 것인데 어떻게 이걸 사흘 만에 다시 세우겠다고 하는가?'라고 생각했습니다.

이에 대해 요한은 "예수는 성전 된 자기 육체를 가리켜 말씀하신 것이라"(요 2:21)는 말을 덧붙입니다. 결국 예수님은 자신이 십자가에 죽고 다시 부활하는 것을 말씀하셨던 것입니다. 예수님의 몸이 성전입니다. 예수님의 몸이 성전인데 어찌 그곳을 강도의 굴혈로 만들 수가 있겠습니까?

그런데 그리스도의 몸이 성전일 뿐만 아니라 성령을 받아 하나님을 모신 우리가 바로 성전입니다(참조, 고전 3:16~17). 그러므로 가장 먼저 깨끗하게 청소해야 하는 곳은 우리 자신입니다. 주님의 성전인 거룩한 몸을 독한 술과 담배로 망가뜨려서는 안 됩니다. 담배 피우고 술 마셨다고 구원이 없다는 것이 아닙니다.

하지만 우리의 몸이 하나님의 집인데 그 집 안에 어찌 해로운 것들을 넣을 수 있습니까? 우리가 먼저 청소해야 할 집이 있다면 우리의 몸입니다. 왜냐하면 결국 이 몸으로 영과 함께 하나님께 예배를 드리기 때문입니다.

"너희 몸은 너희가 하나님께로부터 받은바 너희 가운데 계신 성령의 전인 줄을 알지 못하느냐 너희는 너희 자신의 것이 아니라"(고전 6:19)

말씀 실천하기

1. 예수님이 성전을 사랑하신 것처럼 교회를 사랑하고 있습니까?
2. 거룩한 생활을 위해 몸에 나쁜 것은 삼가고 있습니까?

합심 기도하기

1. 교회 사랑하는 마음을 가질 수 있도록 도와주소서.
2. 순결함과 거룩한 삶을 살아가도록 도와주소서.

04 썩어지는 밀알, 예수 그리스도

본문 말씀 요 12:23~26

이룰 목표
- 예수님이 이 땅에 오신 목적을 이해하고 배운다.
- 썩어지는 한 알의 밀로 사신 예수님의 삶을 배운다.

말씀 살피기
- 예수님은 인자가 무엇을 얻을 때가 왔다고 하셨습니까?(23절)
- 한 알의 밀이 땅에 떨어져 죽으면 어떤 결과가 일어납니까?(24절)
- 자기 생명을 사랑하는 자는 결국 어떻게 됩니까?(25절)

소그룹 예배 인도 순서

사도신경 다 같이
찬송 304장(통 404)
기도 회원 중
본문 말씀 요 12:23~26
새길 말씀 요 12:24
헌금 찬송 299장(통 418)
헌금 기도 회원 중
주기도문 다 같이

말씀 나누기

예수님이 십자가의 죽음을 위해 예루살렘에 입성하셨습니다. 많은 무리들은 그의 입성을 환영하며 "호산나 찬송하리로다 주의 이름으로 오시는 이 곧 이스라엘의 왕이시여"하고 외쳤습니다. 유월절 명절을 지키려고 모여든 수많은 인파들은 예수님의 입성이 이스라엘 민족의 새 역사를 일으킬 메시야의 나타남으로 생각했습니다. 그러나 예수님은 자기를 찾아온 헬라인들에게 "인자가 영광을 얻을 때가 왔도다"(23절)라는 말씀을 하셨습니다.

이 말씀은 세상 사람들이 감히 생각할 수 없는 높은 차원의 말씀입니다. 세상 사람들이 생각하는 영광은 세상유익을 얻고, 이기고, 누리는 데서 찾으려고 합니다. 그러나 예수님은 이와 정반대였습니다. 세상을 위해 다 줌으로써 영광을 얻는다고 말씀하셨습니다. 한 알의 밀이 썩어 죽어야 열매를 맺는 것처럼 죄인들을 위해 죽어야 구원의 열매를 맺을 수 있음을 말씀하셨습니다. 그렇다면, 예수님께서 말씀하시고 생각하시는 영광은 어떤 것일까요?

1. 죽음으로 영광을 얻어야 한다고 말씀하셨습니다

"한 알의 밀이 땅에 떨어져 죽지 아니하면 한 알 그대로 있고 죽으면 많은 열매를 맺느니라"(24절)고 하셨습니다. 밀알은 땅에 묻혀야 싹이 나고 움이 트는 것처럼 참 생명은 죽음으로써 얻어집니다. 죽어야 살고, 잃어야 얻을 수 있다는 진리입니다. 밀알 하나가 땅에 떨어져 죽어야 열매를 맺는 것, 이것이 십자가의 정신이고 십자가의 뜻입니다.

요한복음 10장 17절을 보면, "내가 목숨을 버리는 것은 그것을 내가 다시 얻기 위함이니… 이를 내게서 빼앗는 자가 있는 것이 아니라 내가 스스로 버리노라"고 하셨습니다. 한 알의 밀이 땅에 떨어져 죽는 것은 '많은 열매를 얻을 수 있다.'는 전제가 있기 때문입니다. 예수님은 이 진리를 아셨고 이 진리를 실천하셨습니다.

내가 죽으면 많은 사람이 살고, 내 손해로 인하여 다른 사람에게 유익이 돌아가며, 내 희생으로 인하여 많은 사람에게 생명이 주어진다면 그것으로 인하여 기뻐할 수 있는 마음, 이 마음이 십자가의 죽음이야말로 참된 영광이고 후회 없는 삶임을 알게 합니다.

"인자가 온 것은 섬김을 받으려 함이 아니라 도리어 섬기려 하고 자기 목숨을 많은 사람의 대속물로 주려 함이니라"(막 10:45)

2. 버림으로 얻는 영광이라고 말씀하셨습니다

예수님도 인성을 지니신 분이시기에 자신을 썩어지는 밀알로 희생시킨다는 것은 쉽지 않았을 것입니다. 하지만 생명을 버려야 영생을 주실 수 있기에 십자가의 죽음을 선택하셨습니다. 버림으로써 얻을 수 있다는 진리를 보여주셨습니다. 하나님께서도 철저히 예수님을 외면하셨습니다. 십자가의 고통 속에서 예수님은 아버지 하나님께 "나의 하나님, 나의 하나님, 어찌하여 나를 버리셨나이까?"라고 호소했지만 하나님은 그 기도마저 외면하셨습니다. 하나님께서 예수를 십자가에 그토록 처참하게 버리신 것은 많은 영혼들을 얻기 위함이었습니다. 우리를 향한 하나님의 사랑이 우리에게 영생의 선물을 주신 것입니다.

사도 바울은 가말리엘의 문하생으로 장래가 보장된 사람이었습니다. 권력, 재물, 명성 모든 것을 얻을 수 있었습니다. 그러나 예수님을 만나고 난 후에는 모든 것을 배설물처럼 버렸습니다. 우리도 세상의 어떤 것보다도 예수님을 가장 사랑하며 자신의 것을 내려놓는 예수님의 삶을 따라가야 합니다.

"또한 모든 것을 해로 여김은 내 주 그리스도 예수를 아는 지식이 가장 고상하기 때문이라 내가 그를 위하여 모든 것을 잃어버리고 배설물로 여김은 그리스도를 얻고"(빌 3:8)

3. 섬김으로 얻는 영광이라고 말씀하셨습니다

예수님은 "사람이 나를 섬기려면 나를 따르라 나 있는 곳에 나를 섬기는 자도 거기 있으리니 사람이 나를 섬기면 내 아버지께서 그를 귀히 여기시리라"(26절)고 말씀하셨습니다. 예수님은 일관되고 분명한 인생관을 갖고 사셨습니다. 죽음으로 영광을 보셨고, 섬기는 데서 삶의 보람을 찾으셨습니다. 죽음으로 살고, 버림으로 얻고, 섬김으로 보람을 삼으셨습니다. 예수님께서 사시는 방법은 세상과 차이가 있었고 사는 목적도 달랐습니다.

섬기는 마음으로 사는 사람은 행복합니다. 섬김을 실천하는 사람은 자신이 가치 있는 귀한 일을 하고 있다는 자의식 때문에 인격이 고귀하게 만들어집니다. 하나님은 섬기는 자를 더욱 귀히 여기십니다.

예수님은 십자가를 져야 할 때가 왔을 때, 영광의 때가 왔다고 말씀하시고 십자가를 지셨습니다. 내가 버려야 할 때, 이 때가 영광의 때입니다. 내가 섬겨야 할 때, 이 때가 영광의 때입니다. 일생 동안 십자가의 정신으로 섬길 자리와 때를 만나지 못한 채 일생을 마치는 사람은 참으로 불행한 인생입니다. 한 알의 밀알이 되어 죽는 십자가의 삶이 영광이고 복된 삶입니다.

"너희 중에 누구든지 으뜸이 되고자 하는 자는 너희의 종이 되어야 하리라" (마 20:27)

말씀 실천하기

1. 어떻게 예수님처럼 한 알의 밀이 되는 섬김을 실천할 수 있습니까?
2. 어떻게 내 욕심으로 세상적인 것만 추구하던 삶을 영적인 삶으로 바꿀 수 있습니까?

합심 기도하기

1. 예수님의 섬김과 헌신의 마음을 본받게 하소서.
2. 내 안에 있는 세상적인 욕심을 버리고 거룩한 것들로 채우게 하소서.

05 생명을 위한 예수님의 만찬

본문 말씀 눅 22:14~23

이룰 목표
- 성만찬의 진정한 의미에 대해 배운다.
- 살과 피를 다 쏟아 부어 주신 예수님의 사랑을 배운다.

말씀 살피기
- 예수님은 십자가를 지시기 전 제자들과 어떤 절기를 지키십니까?(15~16절)
- 떡을 떼어 제자들에게 주시며 이 떡은 주님의 무엇이라고 하셨습니까?(19절)
- 잔을 제자들에게 주시며 어떤 말씀을 하셨습니까?(20절)

소그룹 예배 인도 순서

사도신경 다 같이
찬송 311장(통 185)
기도 회원 중
본문 말씀 눅 22:14~23
새길 말씀 눅 22:20
헌금 찬송 154장(통 139)
헌금 기도 회원 중
주기도문 다 같이

말씀 나누기

십자가에 못 박혀 돌아가시기 전에 예수님은 제자들과 함께 마지막 유월절 만찬을 나누셨습니다. 유월절 잔칫상에 있는 떡은 누룩 없는 떡을 사용합니다. 이스라엘 백성들이 애굽에서 나올 때 얼마나 급했던지, 누룩을 넣어 떡을 굽지 못하고 반죽 그릇을 통째로 옷에 싸서 어깨에 메고 탈출했던 것입니다. 이 일을 기념하기 위해 그들은 유월절 때마다 누룩 없는 떡을 먹었습니다. 그리고 누룩 없는 떡을 먹으면서 하나님께서 어떻게 보호해 주시고, 축복해 주시고, 고난과 역경 속에서 구원해 주심을 늘 기억했던 것입니다.

본문에는 제자들과 마지막 유월절 만찬을 나누시면서 예수님이 제자들에게 말씀하신 내용이 기록되어 있습니다. 예수님의 말씀에 담겨진 비밀을 살펴보려고 합니다.

1. 예수님은 떡을 주시면서 내 몸이라고 말씀하셨습니다

예수님은 유월절 잔칫상에 있던 누룩 없는 떡을 집고 떼어 주시면서 "받아 먹으라 이것은 내 몸이니라"고 하셨습니다. 본문을 보면 그들이 먹기 전에 감사 기도하시고 그 다음에 떡을 떼어 주셨다고 되어 있습니다. 이것은 굉장히 놀라운 일입니다. 그 떡은 예수님이 꼭 떼어 주시지 않아도 누구든지 먹을 수 있는 떡입니다. 그 전까지도 늘 그렇게 먹었습니다. 그런데 예수님이 왜 그렇게 하셨습니까?

예수님의 관심은 생명의 떡인 자신을 가르치는데 있었습니다. 예수님은 이렇게 말씀하시는 것입니다. '아무리 먹어도 배고프고 아무리 마셔도 목마른 인생, 무엇을 가져도 만족하지 못하는 인생, 행복을 추구하지만 그것에 다다를 수 없는 인생, 이것이 너희의 삶이다. 지금 나는 너희에게 육신의 배를 부르게 할 수 있는 떡을 주었지만 진정으로 너희가 찾아야 할 떡은 바로 생명의 떡인 나 예수이다.'

얼마나 많은 사람들이 인생에 대해 목말라 합니까? 세상의 쾌락과 향락을 다 즐겨도 오히려 더 큰 고독감만 찾아옵니다. 그것이 인생입니다. 돈이 우리를 만족시켜 줄 수 있을까요? 성공이 우리를 만족시켜 줄 것 같습니까? 인간은 흙으로도 지음을 받았지만 영으로도 지음 받은 존재입니다. 영적인 만족이 없을 때는 다른 어떤 것으로도 만족이 되지 않습니다.

"예수께서 이르시되 나는 생명의 떡이니 내게 오는 자는 결코 주리지 아니할 터이요 나를 믿는 자는 영원히 목마르지 아니하리라"(요 6:35)

2. 예수님은 잔을 주시면서 이것은 나의 피라고 말씀하셨습니다

식사 후에 예수님은 잔을 주시면서 "이 잔을 받아 마시라 이 잔은 내 피로 새우는 새 언약"이라고 말씀하셨습니다. 모든 사람을 위해 흘리신 피, 곧 언약의 피를 "믿으라" 하시지 않고 "마시라" 하셨습니다. 예수님은 왜 "나를 믿으라" 하시지 않고 "나를 먹고, 마시라"고 하셨을까요? 예수님을 믿는 다는 것은 그냥 단순히 내 입술로 "내가 예수님을 믿습니다."하고 인정하고 받아들이는 데 머무는 것이 아닙니다. 그것은 예수님의 살을 먹고 예수님의 피를 마신다는 의미입니다.

예수님을 믿는다는 것은 단순히 예수님을 인정하고 받아들이는 차원을 넘어서는 어떤 영적인 결합입니다. 그래서 예수님은 내 살을 먹고, 내 피를 마시라고 표현한 것입니다. 유월절 어린 양되신 예수께서 친히 십자가에서 피를 흘리심으로 영원한 속죄를 단번에 이루어 주셨습니다. 이것이 '구원'입니다. 우리가 받은 구원은 염소와 송아지의 피로써가 아니라, 어린 양 예수 그리스도의 보혈로 인한 것입니다. 예수 그리스도의 피는 우리의 양심을 죽은 행실에서 깨끗하게 하고 살아 계신 하나님을 경험하게 하는 것입니다.

> "너희가 알거니와 너희 조상이 물려 준 헛된 행실에서 대속함을 받은 것은 은이나 금 같이 없어질 것으로 된 것이 아니요 오직 흠 없고 점 없는 어린 양 같은 그리스도의 보배로운 피로 된 것이니라"(벧전 1:18~19)

3. 성만찬은 십자가를 전하는 것입니다

예수님의 살과 피인 성만찬에 관해 우리가 평소에 잘 생각하지 않았던 아주 중요한 사실이 있습니다. 고린도전서 11장에서 성만찬에 대해서 이렇게 말했습니다. "너희가 이 떡을 먹으며 이 잔을 마실 때마다 주의 죽으심을 그가 오실 때까지 전하는 것이니라"(고전 11:26).

성만찬이란 예수님의 살과 피를 내가 먹고 마심으로써 내가 그리스도와 함께, 그리스도가 나와 함께 동거하고 한 몸을 이루는 것입니다. 이는 곧 주님이 다시 오실 때까지 십자가를 확인하며 증거하는 것입니다. 온 천하를 다니면서 만민에게 복음을 선포하라는 것입니다.

증인의 삶이 결여된 성만찬은 영적 사치입니다. 그래서 사도 바울은 주의 떡이나 잔을 합당하지 않게 먹고 마시는 자는 주의 몸과 피를 범하는 죄가 있다고 했습니다.

"또 이르시되 너희는 온 천하에 다니며 만민에게 복음을 전파하라"(막 16:15)

말씀 실천하기

1. 십자가의 사랑을 묵상하며 성만찬에 참여하고 있습니까?
2. 성만찬의 사랑과 함께 십자가를 세상에 전하는 사명을 실천하고 있습니까?

합심 기도하기

1. 주님과 더욱 동행하는 삶을 살게 하소서.
2. 우리의 생명이신 예수님을 바로 영접하고 증거하며 살게 하소서.

06 구속을 위한 예수님의 기도

본문 말씀 눅 22:39~46

이룰 목표
- 감람산에서 기도하신 예수님의 모습을 본받고 배운다.
- 깨어 기도하라는 주님의 명령과 마음을 알고 실천한다.

말씀 살피기
- 예수님은 습관을 따라 어디에 가셔서 기도하셨습니까?(39절)
- 예수님이 기도하실 때 누가 하늘로부터 나타나 힘을 더해줍니까?(43절)
- 예수님이 힘쓰고 애써 기도하실 때 땅에 떨어지는 땀은 무엇과도 같았습니까?(44절)

소그룹 예배 인도 순서

사도신경 다 같이
찬송 151장(통 138)
기도 회원 중
본문 말씀 눅 22:39~46
새길 말씀 눅 22:46
헌금 찬송 144장(통 144)
헌금 기도 회원 중
주기도문 다 같이

말씀 나누기

예수님의 생애에는 두 가지 큰 시험이 있었습니다. 첫 번째 시험은 예수님이 공생애를 시작하실 무렵에 예수님의 구원사역을 방해하고 좌절시키기 위한 사탄의 시험입니다. 두 번째는 첫 번째보다 더 힘든 시험으로 십자가를 지시기 전 자신과의 싸움이었습니다.

본문 말씀에는 십자가를 지시기 전, 겟세마네 동산으로 향하시는 예수님을 기록하고 있습니다. 예수님은 하나님이셨습니다. 병자를 고치시고, 귀신을 쫓으시고, 죽은 자를 살리시고, 광풍을 잔잔하게 하시는 능력이 있었던 분입니다. 그분이 왜 기도하셨을까요? 고통의 십자가를 지기 위해서는 자신을 부인해야 하고, 자신과 싸워 이겨야 합니다. 이런 과정 없이는 십자가를 지실 수 없기 때문입니다. 그래서 예수님은 그 무서운 고통과 무거운 짐인 십자가, 인류의 모든 죄의 무게와 같은 십자가를 지기 위해 감람산에서 기도하셨습니다. 예수님의 겟세마네 기도에서 배울 수 있는 것은 무엇입니까?

1. 기도는 눈에 보이지 않는 큰 사역입니다

"그곳에 이르러 그들에게 이르시되 유혹에 빠지지 않게 기도하라"(40절)고 하셨습니다. 예수님의 사역 중간 중간에 눈에 보이지 않는 숨은 사역이 있었습니다. 설교하는 사역, 병자를 고쳐 주는 사역, 많은 무리를 도와주었던 사역들 사이에 눈에 보이지 않는 결정적으로 중요한 사역이 숨어 있었는데, 그것은 바로 기도입니다.

오늘날 교회의 가장 큰 적은 무엇입니까? 기도하지 못하게 하는 세력입니다. 예수님은 기적을 베푸시고, 말씀을 선포하시다가도 조용히 홀로 산에 가십니다. 밤이 늦도록, 새벽 미명에 홀로 기도하셨습니다. 예수님의 사역이 그렇게 능력이 있고 예수님이 계속적으로 승리하실 수 있었던 비결은 밤이나 새벽에 홀로 기도하셨던 데 있습니다.

> "새벽 아직도 밝기 전에 예수께서 일어나 나가 한적한 곳으로 가사 거기서 기도하시더니"(막 1:35).

2. 기도는 생명을 거는 것입니다

겟세마네 동산에서 기도하신 예수님의 기도를 보면 아주 특이한 모습이 나타납니다. "그들을 떠나 돌 던질 만큼 가서 무릎을 꿇고 기도하여…"(41절). 일반적으로 유대인들은 서서 기도하는 것이 정상입니다.

서서 손을 들고 성전을 향해 하루 세 번씩 기도했습니다. 그러나 예수님은 서서 기도할 만큼 그렇게 마음이 한가롭지 않으십니다. 지금 예수님은 무릎을 꿇고 기도하십니다.

기도는 감상적이 것이 아니라 실제적인 것입니다. 영적 전쟁이며 투쟁이며 몸부림이며 생명을 걸고 하는 것이 기도입니다. 본문 43절을 보면 기도가 얼마나 간절했던지 천사가 나타나서 도왔습니다. 그리고 44절에는 예수님이 기도할 때 땀이 흘렀는데 그 땀이 땅에 떨어지는 핏방울 같이 되었다고 했습니다.

지금은 우리 인생에 있어서 생명을 거는 기도, 땀이 피가 되는 기도를 할 때입니다. 우리는 기도하지 않아도 될 만큼 안일한 상황에 있지 않습니다. 우리의 자녀를 보거나, 우리의 부부 관계를 보거나, 현재의 내 사업을 보거나, 한국교회를 볼 때 우리는 그렇게 감상적으로 기도해도 될 만한 처지에 있지 않습니다. 특별히 우리 민족의 현실을 볼 때 정말 무릎 꿇고 생명을 걸고 기도해야 됩니다.

"한밤중에 바울과 실라가 기도하고 하나님을 찬송하매 죄수들이 듣더라"(행 16:25)

3. 기도는 하나님의 뜻을 이루는 것입니다

"아버지여 만일 아버지의 뜻이거든 이 잔을 내게서 옮기시옵소서 그러나 내 원대로 마시옵고 아버지의 원대로 되기를 원하나이다"(42절).

일반적으로 대부분의 기도는 자기의 뜻과 목적을 이루기 위한 기도입니다. 그런데 예수님의 기도는 나의 뜻이 아니라 하나님 아버지의 뜻이 이루어지기를 원하는 기도입니다.

인성을 가지신 예수님의 생각은 무엇이었습니까? "아버지여, 이 잔을 내가 꼭 마셔야 합니까? 십자가를 지지 않는 길은 없습니까?"라고 질문하는 것이었습니다. 하지만 결국에는 하나님 아버지의 뜻이 이루어지기를 기도하셨습니다. 기도하기 전에는 내 뜻이 있습니다. 그러나 참된 기도는 아버지의 뜻을 볼 수 있게 합니다. 이렇듯 생각할 때에는 내 계획이 여러 가지로 많습니다. 그러나 눈을 감고 기도하면 아버지의 계획이 보이기 시작합니다. 기도란 이렇게 내 뜻이 아버지의 뜻에 승복하는 과정입니다. 처음에는 내 생각, 내 계획, 내 의지와 방법이 중요하지만 기도하면 할수록 '아버지, 내 뜻은 꺾이게 해주십시오.'라고 기도하게 되는 것입니다.

"다시 두 번째 나아가 기도하여 이르시되 내 아버지여 만일 내가 마시지 않고는 이 잔이 내게서 지나갈 수 없거든 아버지의 원대로 되기를 원하나이다 하시고"(마 26:42)

말씀 실천하기

1. 교회에서 진행하는 기도회에 성실히 참석하고 있습니까?
2. 맡겨진 사명을 위해 하루에 한 번 이상 기도하고 있습니까?

합심 기도하기

1. 교회에서 맡겨진 사명을 잘 감당하게 하소서.
2. 구역이 사랑으로 하나 되고, 날로 부흥되게 하소서.

07 십자가와 영혼 구원 사역

본문 말씀 눅 23:39~43

이룰 목표
- 십자가에 달리신 예수님의 사역과 사랑을 배운다.
- 십자가상에서도 한편 강도에게 구원을 베푸시는 사랑을 배운다.

말씀 살피기
- 십자가에 달린 행악자 중 한 사람이 예수님을 뭐라고 비방했습니까?(39절)
- 다른 행악자는 예수님께 어떻게 영혼을 부탁했습니까?(42절)
- 자신을 기억해 달라고 말한 행악자에게 예수님은 뭐라고 말씀하셨습니까?(43절)

소그룹 예배 인도 순서

사도신경 다 같이
찬송 268장(통 202)
기도 회원 중
본문 말씀 눅 23:39~43
새길 말씀 눅 23:43
헌금 찬송 250장(통 182)
헌금 기도 회원 중
주기도문 다 같이

말씀 나누기

진정으로 십자가의 은혜를 경험한 사람은 수만 볼트의 전류에 감전 되는 것처럼 충격을 받습니다. 하나님의 사랑에 대한 놀라움입니다. 우리를 사랑하셨기 때문에 하나님께서 스스로 목숨을 버리신 사랑에 대한 감동입니다.

십자가는 말이 없습니다. 조용히 서 있을 뿐입니다. 예수님은 재판을 받으실 때 말이 없으셨습니다. 원망하지 않으셨습니다. 따지지 않으셨습니다. 십자가에 못 박히신 후에 예수님께서 몇 마디 말씀을 하셨는데, 그 첫 말씀이 "저들의 죄를 용서하여 주옵소서"라는 중보기도였습니다. 지금도 십자가는 조용히 홀로 서 있습니다. 그러나 십자가를 바라보는 모든 사람에게 십자가가 말을 합니다. 우리의 죄에 대해서, 또 우리의 양심에 대해서, 그리고 우리의 삶에 대해서 십자가는 계속해서 말을 하고 있습니다. 십자가에 달리신 예수님의 모습을 통해 우리가 배울 수 있는 것은 무엇입니까?

1. 죄의 형벌은 무서운 사망입니다

예수님이 십자가에 달리셨을 때 자신들의 죄 값을 치루기 위해 십자가에서 죽어가는 두 행악자가 있었습니다. 이 두 행악자는 자신들이 사는 동안에 지은 죄 값을 치루기 위해 십자가에 매달린 것입니다. 그러나 예수님은 죄가 전혀 없으신 완전한 분이셨습니다. 하지만 인류의 모든 죄를 홀로 담당하시고 십자가에서 죽으셨습니다. 죄를 지은 인간은 누구나 사망을 피할 수 없었기 때문에 대신 죽으신 것입니다.

마귀는 지금도 우리를 죄에 빠지게 만듭니다. 예수님의 구속사역인 십자가의 은혜를 믿지 못하도록 미혹합니다. 육신의 정욕과 안목의 정욕과 이생의 자랑에 빠져 영원한 세계를 보지 못하도록 만듭니다. 그리고 결국은 영원한 사망의 자리, 저 지옥에 던져지도록 우리의 눈과 귀를 막아 놓습니다.

"우리에게 있는 대제사장은 우리의 연약함을 동정하지 못하실 이가 아니요 모든 일에 우리와 똑같이 시험을 받으신 이로되 죄는 없으시니라"(히 4:15)

2. 회개하는 자에게는 구원의 문이 항상 열려 있습니다

"하나는 그 사람을 꾸짖어 이르되 네가 동일한 정죄를 받고서도 하나님을 두려워하지 아니하느냐… 이르되 예수여 당신의 나라에 임하실 때에 나를 기억하소서 하니"(40~42절). 예수님이 십자가에 죽으실 때에 함께 달린 두 행악자 중에 한 행악자는 예수님을 조롱하고 비난했습니다. 하지만 다른 한 사람은 자신의 죄를 인정하고 예수님께 자신의 영혼을 부탁했습니다. 그때 예수님은 그 강도의 호소를 들으시고 "예수께서 이르시되 내가 진실로 네게 이르노니 오늘 네가 나와 함께 낙원에 있으리라"(43절)고 선포하셨습니다.

예수님이 십자가를 지신 것은 온 인류를 구원하시기 위함이었습니다. 누구든지 예수님을 구주로 시인하고 회개하면 죄 용서함과 구원을 받습니다. 예수님의 십자가는 부유한 사람이나 학식 있는 사람만을 위한 것이 아닙니다. 남녀노소 신분에 상관없이 누구든지 예수님을 영접하는 사람은 구원 받을 수 있습니다.

지금도 구원의 문이 열려 있습니다. 아무리 큰 죄를 지었어도 주님 앞에 나오는 자는 구원을 받게 됩니다.

> "하나님이 세상을 이처럼 사랑하사 독생자를 주셨으니 이는 그를 믿는 자마다 멸망하지 않고 영생을 얻게 하려 하심이라"(요 3:16)

3. 십자가는 구원을 위한 하나님의 큰 배려입니다

죄에 빠진 인생들에게 구원의 길은 없었습니다. 죄의 노예가 된 인간들은 스스로 하나님을 찾아갈 방법도 지혜도 없었습니다. 그래서 하나님이 친히 인간에게 찾아 오셨습니다. 이것이 바로 구원을 위한 하나님의 배려이고 사랑이었습니다. 기독교가 다른 종교와 다른 점이 바로 이 부분입니다.

다른 종교는 철학을 쌓고 수양을 하고 참선을 하여 신을 찾아간다고 합니다. 구원의 길을 찾아 갈 수 있다고 합니다. 그러나 기독교는 철저하게 타락한 인간이 하나님을 스스로 찾아 갈 수 없다고 말합니다. 죄의 노예가 된 인간이 아무리 노력을 해도 죄의 문제를 해결할 수 없기에 주님께서 찾아오셨고 우리의 죄를 대신해 십자가에 죽어 주셨습니다. 그리고 누구든지 그 십자가 앞에 나오는 자마다 구원을 얻을 수 있다고 말씀하셨습니다.

십자가를 바라 볼 때마다 눈물겨운 감사와 감격이 있는 것은 허물과 죄로 완전히 죽었던 인생을 오직 사랑으로 구원의 길을 열어주셨기 때문입니다. 이는 구원의 길이 전혀 없던 인류에게 주신 하나님의 가장 큰 배려입니다. 예수를 십자가에 죽이면서 우리에게 구원의 길을 열어주신 것은 스스로 하나님 앞에 나갈 수 없는 인간들에게 주신 하나님의 배려였습니다.

"다른 이로써는 구원을 받을 수 없나니 천하 사람 중에 구원을 받을 만한 다른 이름을 우리에게 주신 일이 없음이라 하였더라"(행 4:12)

말씀 실천하기

1. 십자가의 은혜 앞에서 더욱 감격하며 살아가고 있습니까?
2. 날마다 십자가 앞에 회개하는 신앙생활을 회복하고 있습니까?

합심 기도하기

1. 십자가의 감격이 회복될 수 있도록 도와주소서.
2. 한국 교회에 회개운동이 일어날 수 있도록 도와주소서.

인자가 온 것은 섬김을 받으려 함이 아니라

도리어 섬기려 하고 자기 목숨을 많은 사람의

대속물로 주려 함이니라(마가복음 10:45)

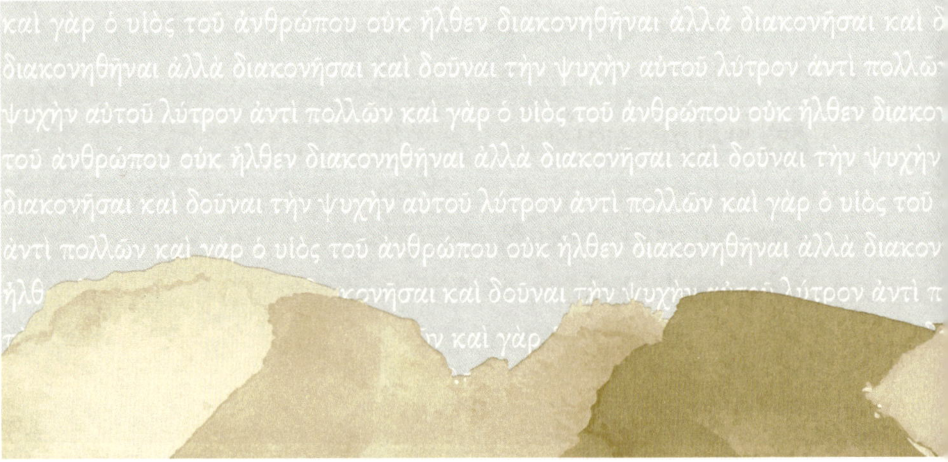

예수 그리스도의 표적

PART 6

01 가나의 처음 표적

본문 말씀 요 2:1~12

이룰 목표
- 믿음은 말씀을 듣고 순종하는 것임을 안다.
- 예수님의 사역은 믿음을 통해 나타남을 안다.

말씀 살피기
- 마리아는 하인들에게 어떻게 할 것을 지시했습니까?(5절)
- 예수께서 물을 항아리에 채우라고 했을 때 하인들은 어떻게 순종합니까?(7~8절)
- 연회장도 모르는 일을 하인들이 어떻게 알았습니까?(9절)

소그룹 예배 인도 순서

사도신경 다 같이
찬송 516장(통 265)
기도 회원 중
본문 말씀 요 2:1~12
새길 말씀 요 2:7~9
헌금 찬송 421장(통 210)
헌금 기도 회원 중
주기도문 다 같이

말씀 나누기

하나님을 아는 신앙은 참으로 신비로운 것입니다. 왜냐하면 하나님은 우리의 이성적인 한계를 초월하신 분이시기 때문입니다. 그러므로 하나님의 나라는 기적이 상식처럼 일어납니다. 우리의 능력과 이성의 한계를 뛰어넘는 신비한 이적이 상식처럼 나타나는 것입니다. 예수님은 이 땅에 오셔서 많은 기적을 행하셨습니다. 특히 오늘 본문에 나타난 물이 포도주로 변한 사건은 예수님의 첫 번째 기적사건입니다. 사도요한은 기적(Miracle)이 아니라 '표적'(Sign)이라는 말을 사용했습니다. 표적이란 말은 그 기적 사건 속에 하나님의 의도, 하나님의 메시지가 담겨져 있다는 것입니다. 그러면 예수님이 물로 포도주를 만든 사건을 통해서 우리에게 말씀하시려는 내용은 무엇입니까?

1. 주님을 중심에 모실 때 기적이 일어났습니다(1~2절)

본문 1~2절은 "사흘 되던 날에 갈릴리 가나에 혼인이 있어 예수의 어머니도 거기 계시고 예수와 그 제자들도 혼인에 청함을 받았더니"라고 기록하고 있습니다. 예수님이 혼인집에 초청을 받았다는 말은 주님을 영접했다는 말입니다. 주님께서 삶의 중심에 계셔야 기적의 삶을 살 수가 있습니다. 많은 사람들이 기적의 삶을 살지 못하고 실패하는 것은 주님이 내 인생의 주인이 아니라 아직도 내가 주인이 되어 모든 삶을 주장하기 때문입니다. 걱정과 염려와 고민이 있는 것도 결국은 내 인생의 주권을 완전히 맡기지 못한 까닭입니다.

많은 사람들이 예수님을 믿기는 믿는데 주인으로 모시지 않고 손님처럼 모셨다는 것입니다. "볼지어다 내가 문 밖에 서서 두드리노니 누구든지 내 음성을 듣고 문을 열면 내가 그에게로 들어가 그로 더불어 먹고 그는 나로 더불어 먹으리라"(계 3:20). 라오디게아 교회처럼 아직도 예수님께서 문밖에서 두드리고 계시지는 않습니까?

삶의 중심에 모셔야 합니다. 예수님을 나의 주인으로 모시지 않는다면 그 어떤 일도 기대할 수 없습니다. 삶의 주도권을 주님께 맡기지 않는다면 주님이 행하실 수 있는 일이 아무 것도 없습니다. 이름만 그리스도인이지 실제로는 주님은 문밖에 서 계시다는 것입니다.

요한복음 1장 12절에 말씀처럼 "영접하는 자 곧 그 이름을 믿는 자에게는 하나님의 자녀가 되는 권세를 주셨다"고 하셨습니다. 그러므로 우리가 진정으로 예수 그리스도를 나의 주 나의 하나님으로 영접할 때 하나님의 자녀의 권세를 갖게 되는 것입니다.

"가서 너희를 위하여 거처를 예비하면 내가 다시 와서 너희를 내게로 영접하여 나 있는 곳에 너희도 있게 하리라"(요 14:3)

2. 주님은 믿음의 통로를 통해 기적을 행하십니다(3~5절)

기적이 일어나기 위해서는 무엇보다도 주님의 능력을 온전히 신뢰하는 믿음이 있어야 합니다. 본문에 예수님의 어머니 마리아의 믿음이 기록되어 있습니다. 30여 년 동안 예수님과 함께 살아오신 예수님의 모친 마리아는 포도주가 모자라게 되자 아들 예수님께 찾아가 포도주가 떨어졌다고 말합니다. 그것은 주님이 이 부족을 넉넉히 채울 수 있는 분임을 믿었기에 문제를 주님께 들고 간 것입니다.

문제 해결의 열쇠는 바로 믿음입니다. 보통 사람들은 문제가 생기면 사람을 찾아갑니다. 세상을 의지합니다. 그러나 마리아는 예수님을 찾았습니다. 3~4절을 보면 "포도주가 떨어진지라 예수의 어머니가 예수에게 이르되 저들에게 포도주가 없다 하니 예수께서 이르시되 여자여 나와 무슨 상관이 있나이까 내 때가 아직 이르지 아니하였나이다"라고 했습니다.

여기서 주목에 해야 할 단어는 '상관'과 '때'입니다. 상관이라는 말은 관계의 의미인데 이 사건이 예수님과의 무슨 관계가 있느냐는 것입니다. 또한 때가 이르지 않았다는 것은 예수님의 때와 마리아의 때가 다르다는 것을 말합니다. 이처럼 주님의 관심은 나와의 관계와 하나님의 때입니다. 이렇듯 기적은 환경의 문제가 아니라 관계의 문제입니다. 또 사건의 문제가 아니라 믿음의 문제입니다.

예수님께 대한 믿음이 있었던 마리아는 이 말씀을 듣자마자 해결책을 제시합니다. 5절을 보면, "그 어머니가 하인들에게 이르되 너희에게 무슨 말씀을 하시든지 그대로 하라"고 하였습니다. 마리아는 문제의 핵심을 깨달은 것입니다. 관계와 때의 문제입니다. 이것은 한 마디로 믿음의 문제라는 것입니다.

"믿음이 없이는 기쁘시게 못하나니 하나님께 나아가는 자는 반드시 그가 계신 것과 또한 그가 자기를 찾는 자들에게 상 주시는 이심을 믿어야 할지니라"(히11:6). 하나님의 역사는 믿음의 역사입니다. 예수님은 오늘 우리의 믿음을 보고 싶어 하십니다. 믿음은 하나님의 기적을 담을 수 있는 그릇입니다. 그래서 예수님은 "내 믿음대로 되라"고 말씀하신 것입니다.

> "이에 예수께서 대답하여 이르시되 여자여 네 믿음이 크도다 네 소원대로 되리라 하시니 그 때로부터 그의 딸이 나으니라"(마 15:28)

3. 주님의 말씀에 순종할 때 기적을 일어났습니다(6~12절)

유대인들은 정결 예식에 따라 집 입구에 돌 항아리 여섯을 세워두고 물을 담아 놓습니다. 그리고 밖에 나갔다 집에 들어오면 손과 발을 깨끗이 닦는 습관이 있습니다. 예수님은 하인들에게 항아리에 물을 채우라고 말씀하셨습니다.

예수님이 명령하셨을 때 하인들은 그 명령에 순종하여 물을 아귀까지 채웠습니다. 그런데 이번엔 그 물을 떠서 연회장에 갖다 주라고 하십니다. 그 당시 돌 항아리 하나에 두 세통씩 물을 채울 정도라면 상당히 많은 물을 길어 그곳에 채웠을 것입니다. 그런데 이번엔 그것을 떠서 포도주가 떨어진 연회장에 갖다 주라고 명령합니다. 보통 일이 아닙니다. 잘못하면 매를 맞을 수도 있기 때문입니다. 생각하고 따지면 못할 일입니다. 그런데 놀라운 것은 그들이 한마디도 불평하지 않고 그대로 순종했다는 것입니다.

순종이 기적을 만들어 낸 것입니다. 하나님의 역사는 언제나 순종하는 사람들을 통해서 일어납니다. 9절을 보시면 "연회장은 물로 된 포도

주를 맛보고 어디서 났는지 알지 못하되 물 떠온 하인들은 알더라" 그들은 순종을 통해서 하나님의 기적을 체험한 것입니다. "물 떠온 하인은 알더라"고 하심은 순종하는 자만이 하나님 나라의 비밀을 알 수 있다는 것입니다. 이제 물이 포도주로 변화되었습니다. 예수님은 이처럼 순종하는 자를 통해서 하나님의 일을 이루어 가십니다.

> "사무엘이 이르되 여호와께서 번제와 다른 제사를 그의 목소리를 청종하는 것을 좋아하심 같이 좋아하시겠나이까 순종이 제사보다 낫고 듣는 것이 숫양의 기름보다 나으니"(삼상 15:22)

말씀 실천하기

1. 갑자기 어려운 일이 생겼을 때 어떻게 그 일을 해결합니까?
2. 지난주 설교말씀을 듣고 어떤 결단을 했습니까? 어떻게 순종했습니까?

합심 기도하기

1. 어떤 일이 다가와도 당황하지 않고 나와 함께 계신 예수님을 믿고 그 말씀에 순종하는 삶을 살게 하소서.
2. 말씀에 순종함으로 하나님의 비밀을 몸으로 알아가게 하소서.

02 신하의 아들을 살리신 예수

본문 말씀 요 4:43~54

이룰 목표
- 병 고침의 이적은 하나님의 말씀을 듣고 신뢰할 때 일어남을 안다.
- 믿음은 내 생각을 포기하고 하나님의 말씀을 붙잡는 것임을 안다.

말씀 살피기
- 왕의 신하에게 무슨 일이 생겼습니까?(46절)
- 왕의 신하가 예수님께 간구한 내용은 무엇입니까?(47절)
- "가라 네 아들이 살아 있다"는 주님의 말씀에 왕의 신하는 어떻게 반응하였습니까?(50절)
- 언제 왕의 신하의 아들이 병 고침을 받았습니까?(52절)

소그룹 예배 인도 순서

사도신경 다 같이
찬송 521장(통 253)
기도 회원 중
본문 말씀 요 4:43~54
새길 말씀 요 4:50
헌금 찬송 545장(통 344)
헌금 기도 회원 중
주기도문 다 같이

말씀 나누기

본문에 나오는 갈릴리 가나는 예수님이 첫 번째 표적인 물로 포도주를 만드셨던 곳입니다. 그런데 예수님이 다시 오셨을 때 또 다른 문제를 가진 사람이 있었습니다. 아들이 죽을병에 걸려 죽어가고 있는 왕의 신하의 문제였습니다. 왕의 신하로서 돈과 지위와 권력을 가지고 아들을 살리려고 백방으로 힘써 왔지만 헛수고였습니다. 그러던 중에 주님이 오셨다는 소문을 듣고 가버나움에서 34Km나 떨어진 곳, 걸어서 약 네 시간이 걸리는 가나로 달려와서 예수님께 간청할 때 죽을병에 걸린 아들이 고침 받는 기적을 체험하게 됩니다.

이 표적을 통해 왕의 신하의 아들이 어떻게 예수님께 고침을 받았는지 세 가지 단계로 나누어 살펴보겠습니다.

1. 예수님은 아들의 병 때문에 고통당하는 왕의 신하를 만나셨습니다

왕의 신하는 높은 지위와 권력을 누리고 있던 사람입니다. 소위 특권의식을 가진 특수층 사람입니다. 만약 이 사람의 아들이 질병에 걸리지 않았다면 그는 예수님을 찾지 않았을 것입니다. 당시 예수님은 기적을 한 번 밖에 행하지 않았을 때입니다. 즉 예수님의 이름이 그리 널리 알려지지 않은 때입니다.

그런데 이와 같은 신분을 가진 사람이 일개 젊은 예언자를 찾아와 무릎을 꿇고 자기의 사정을 호소하고 있습니다. 이렇게 겸손한 모습으로 예수님을 찾는 왕의 신하를 예수님이 만나 주셨습니다. 이 사람은 자기의 고난 때문에 예수님 앞에 나왔습니다. 고난이 얼마나 훌륭한 전도자입니까?

스펄전은 "고난은 변장을 하고 찾아온 하나님의 천사이다."라고 말했습니다. 이 사람은 아들을 살리기 위해 온갖 의사를 다 찾아다녔을 것입니다. 그러나 그 어떤 인간의 노력으로도 아들을 살릴 수 없다는 한계에 부딪쳤을 때 나사렛 예수가 최후의 희망이 된 것입니다.

고난이 닥칠 때 사람들은 대개 두 가지 반응을 보입니다. 어떤 사람은 고난 앞에서 아주 강퍅해집니다. 하나님을 향하여 오히려 마음을 닫아 버립니다. 다른 어떤 사람은 고난으로 겸손해집니다. 고난을 통해서 자기가 피조물이라는 사실과 연약한 인간임을 인식하고 창조주 하나님의 도우심과 긍휼을 구하는 사람입니다. 이런 사람에게 고난은 기회입니다. 예수님은 이러한 고난으로 인해 갈급해하는 왕의 신하를 만나 주셨습니다. 예수님은 우리가 고통을 당할 때 가까이 계십니다.

"환난 날에 나를 부르라 내가 너를 건지리니 네가 나를 영화롭게 하리로다" (시 50:15)

2. 예수님은 믿음을 가졌을 때 치료의 이적을 행하셨습니다

"나는 기적이 필요 없다."고 말하는 사람은 아직 인생의 폭풍우를 경험하지 못한 사람입니다. 진정 내 힘으로 어찌할 수 없는 역경에 처하면 저절로 하나님을 찾게 될 것입니다. 맥아더 장군은 이런 말을 좋아했습니다. "포탄이 머리 위로 날고 있는 전쟁터의 참호 속에는 무신론자가 없다." 사람이 절박한 처지에 놓이면 하나님을 찾습니다. 이것은 참된 신앙을 형성하는 단계로, 꼭 필요합니다.

기적을 기다리는 자체가 신앙은 아닙니다. 그러나 이것은 참된 신앙을 갖게 하는 중요한 역할을 할 수 있습니다.

47절 말씀을 보면 "그가 예수께서 유대로부터 갈릴리에 오심을 듣고 가서 청하되 내려오셔서 내 아들의 병을 고쳐 주소서 하니 저가 거의 죽게 되었음이라" 라고 기록하고 있습니다. 그는 예수님이 아들에게 안수하시면 틀림없이 나을 것이라고 믿었습니다.

그러나 예수님이 '가지 않고도 고칠 수 있는 분'이라는 사실을 알기에는 아직 믿음이 부족하였습니다. 그 때 예수님은 왕의 신하에게 이렇게 말씀하셨습니다. "가라 네 아들이 살아 있다"(50절).

예수님은 시공간을 초월해서 얼마든지 치료하실 수 있는 전능하신 하나님이십니다.

"믿음으로 아브라함은 부르심을 받았을 때에 순종하여 장래의 유업으로 받을 땅에 나아갈새 갈 바를 알지 못하고 나아갔으며"(히 11:8)

3. 예수님은 말씀을 신뢰할 때 이적을 행하셨습니다

50절 "예수께서 가라사대 가라 네 아들이 살았다 하신대 그 사람이 예수의 하신 말씀을 믿고 가더니"라는 말씀처럼 예수님은 말씀만 하셨는데 이 사람은 믿고 갔습니다.

이 사람이 무엇을 믿고 갔습니까? "예수의 하신 말씀"이었습니다. 말씀을 들을 때 믿음이 생기고 그 믿음은 그로 하여금 행동하게 한 것입니다. 당장 눈에 보이지 않았지만 예수님의 말씀을 그대로 믿고 갔습니다.

예수님께서 "너희는 표적과 기사를 보지 못하면 도무지 믿지 아니하리라"(48절)고 하신 이유는 신앙의 초점이 말씀에 대한 신뢰에 있어야 한다는 사실을 강조하기 위해서였습니다. 이 왕의 신하는 표적 없이도 주님의 말씀을 믿었습니다.

가버나움에서 가나까지는 걸어서 네 다섯 시간이 걸리는 거리입니다. 그 날로 갈 수 있는 거리인데 이 사람은 다음날 종들을 만났습니다(52절). 예수님의 말씀을 듣고 믿었었다는 증거입니다.

예수님은 우리의 기도를 들으시는 분이시지만 하나님의 기적은 우리가 믿음의 기도를 드릴 때 나타나는 것입니다. 이 왕의 신하가 믿음을 가졌을 때 그 순간 아들이 고침을 받았습니다. 우리가 이처럼 기도한 내용을 온전히 주께서 이루어 주실 줄로 믿는다면 그 문제를 걱정하지 않아도 됩니다.

표적은 언제나 예수님이 누구이신가에 초점을 맞추고 있습니다. 우리는 표적을 통해서도 예수님을 믿을 수 있지만 그보다는 말씀을 믿어야 합니다. 말씀을 믿을 때 예수님은 역사하십니다.

"주께서 이르시되 너희에게 겨자씨 한 알만한 믿음이 있었더라면 이 뽕나무더러 뿌리가 뽑혀 바다에 심기어라 하였을 것이요 그것이 너희에게 순종하였으리라"(눅 17:6)

말씀 실천하기

1. 원치 않는 질병으로 고통당한 가족이나 이웃에게 나는 가장 먼저 어떤 말을 합니까?
2. 나에게는 하나님의 말씀을 그대로 믿고 순종하는 믿음이 있습니까?

합심 기도하기

1. 고통 받는 이웃을 위해 치료하여 주시고 하나님의 구원을 체험케 하소서.
2. 하나님의 말씀을 잘 듣고 그대로 믿고 순종하는 믿음을 나에게 주소서.

03 38년 된 병자를 고치신 예수

본문 말씀 요 5:1~9

이룰 목표
- 예수님은 언제나 자비의 주님으로 약한 자를 찾아오신다는 진리를 깨닫는다.
- 예수님의 자비는 희생을 각오한 헌신임을 안다.

말씀 살피기
- 베데스다 연못의 행각에는 어떤 사람들이 모여 있습니까?(1~3절)
- 여러 가지 병자들이 베데스다 연못가에 모여 있었던 이유는 무엇입니까?(4절)
- 예수님의 그의 병이 오랜 줄 아시고 무엇을 물어보십니까?(6절)

소그룹 예배 인도 순서

사도신경 다 같이
찬송 370장(통 455)
기도 회원 중
본문 말씀 요 5:1~9
새길 말씀 요 5:6~9
헌금 찬송 369장(통 487)
헌금 기도 회원 중
주기도문 다 같이

말씀 나누기

본문은 예수님이 38년간 병으로 고생하던 사람에게 자비를 베푸신 사건입니다. "베데스다"의 뜻은 "자비의 집"입니다. 이 베데스다 연못은 예루살렘의 양문 곁에 있었습니다. 이곳을 "양문"(sheep gate)이라고 부르는 것은 성전에 제물로 드릴 속죄양들을 이 문을 통해서 들여왔기 때문입니다. 양문 위쪽에는 지금도 양을 사고파는 장터가 있습니다.

예수님은 이곳을 방문하셔서 38년 된 병자를 만나셨습니다. 그가 구체적으로 어떤 병을 앓고 있었는지 나와 있지 않지만 38년 동안 병을 앓았으니 얼마나 힘든 삶을 살았겠습니까?

그저 하루하루를 죽지 못해서 사는 인생이었습니다.

그런데 예수님이 그를 찾아가셔서 만나시고 질병에서 고쳐주신 것입니다. 우리는 이 사건 속에서 우리 주님의 자비의 손길을 살펴볼 수 있습니다. 본문에서 38년 된 병자를 향한 주님의 자비가 세 가지 형태로 나타났습니다.

1. 예수님이 은혜로 선택하셨습니다(1~5절)

선택 그 자체가 은혜입니다. 베데스다 못가에는 수많은 병자들이 있었습니다. 예수님은 그 중에서 특별히 이 사람을 선택하셨습니다. 그리고 이 사람에게 병 고침의 은혜를 베푸셨습니다. 이 세상에는 무수히 많은 사람들이 살고 있지만 주님이 우리를 선택하셔서 복음을 듣게 하시고 믿게 하심으로 구원하셨습니다. 이것이 은혜이고 자비입니다.

선택은 하나님의 은혜와 자비의 출발점입니다. 주님이 우리를 선택하셨다는 것은 우리를 통하여 하나님의 은혜와 자비를 나타내시겠다는 의미입니다.

많은 사람들이 있지만 먼저 하나님을 알게 되고 그 영광스러운 구원과 사랑을 체험한 것은 놀라운 은혜입니다. 우리의 공로로 선택된 것이 아닙니다. 무조건적인 하나님의 사랑으로 그분의 자녀가 되었습니다. 38년 된 병자를 향한 주님의 자비는 이러한 선택의 은혜로 시작되었습니다.

"예수께서 그 누운 것을 보시고 병이 벌써 오래된 줄 아시고 이르시되 네가 낫고자 하느냐"(6절)는 말씀에서 행동의 주체는 예수님입니다. 병자는 고쳐 달라고 애원하지 않았습니다. 이 사람은 완전히 자포자기 상태에 있었는지도 모릅니다. 그 사람에게 주님이 먼저 다가가셨습니다.

우리가 주목해야 할 단어가 있는데 그것은, "보시고"와 "아시고"입니다. 예수님은 그 병자가 얼마나 오랜 세월 동안 고통 중에 있었는지 아셨습니다.

우리 역시 우리의 형편을 미리 아시고 우리에게 다가오시는 주님을 만나게 됩니다. 우리가 찾기 전에 주께서 먼저 우리의 아픔과 절망과 고통을 보시고 아십니다. 우리의 구원은 우리를 일방적으로 사랑하신 하나님의 사랑의 사건입니다. 예수님께서 먼저 우리를 보시고 아시고 우리 삶에 찾아오신 것입니다. 38년간 병으로 고생하던 사람을 향한 주님의 자비는 이렇게 나타났습니다.

"우리로 그의 은혜를 힘입어 의롭다 하심을 얻어 영생의 소망을 따라 상속자가 되게 하려 하심이라"(딛 3:7)

2. 예수님은 소망을 주셨습니다(6~8절)

믿음은 바라는 것들의 실상입니다. 오늘 예수님께서 이 38년 된 병자를 찾아가셔서 먼저 소망을 주심으로 믿음을 갖게 하셨습니다. 이러한 소망을 주심으로 치유를 시작하신 것입니다.

예수님이 병자에게 찾아가셔서 "네가 낫고자 하느냐"(6절)하고 질문하신 이유는 무엇일까요? 아마 이 사람은 자신의 병을 고치는 것을 포기하였는지도 모릅니다. 사실 38년 동안 병을 앓으면 포기할 만도 합니다. 지금까지 이 사람에게 병을 고칠 수 있다고 희망을 준 사람은 아무도 없었을 것입니다.

예수님이 낫기를 원하느냐고 물으셨을 때, 그 병자는 어쩌면 나을 수도 있겠다는 새로운 희망을 품게 되었을 것입니다. 우리는 여기서 주님의 사랑을 엿볼 수 있습니다. 주님은 언제나 우리들에 게 희망과 삶의 의욕을 부어 주십니다.

그 다음으로 예수님은 이렇게 말씀하십니다. "일어나 네 자리를 들고 걸어가라"(8절). 이것은 주님이 내리신 구원의 명령입니다. 사실 이 말씀은 대단히 어이없는 명령입니다. 이 사람은 지금 일어날 수도 없는 사람이었습니다.

그러나 주님은 네 자리를 들고 일어서라고 명령하셨습니다. 이 병자가 한 일은 무엇입니까? 아무 것도 없습니다. 순종밖에는 없습니다. 그는 예수님의 말씀을 믿고 순종하여 자리에서 일어났습니다. 그때 기적이 일어났습니다. 38년간 앓던 사람이 자리를 들고 걸었습니다. 패배와 절망의 삶을 박차고 일어나 새로운 내일을 향해서 힘찬 발걸음을 내디뎠습니다.

"너희 안에서 행하시는 이는 하나님이시니 자기의 기쁘신 뜻을 위하여 너희에게 소원을 두고 행하게 하시나니"(빌 2:13)

3. 예수님은 값비싼 대가를 치르셨습니다(9절)

예수님이 병자를 고치신 날은 바로 안식일이었습니다(9절). 당시 바리새인들의 가르침에 의하면 안식일에 병을 고치는 것은 율법을 어기는 일이었습니다. 그러나 예수님은 개의치 않으시고 38년 된 병자를 고쳐 주셨습니다. 바리새인과 율법주의자들의 비난과 정죄와 고발을 감수하면서까지 병자를 고치셨습니다.

사랑은 때때로 핍박과 수고의 짐을 요구합니다. 예수님은 이 짐을 거부하지 않으셨습니다. 주님의 십자가가 바로 사랑의 증거입니다.

놀랍게도 가장 귀한 것들이 우리에게 값없이 주어졌음을 알 수 있습니다. 어머니의 사랑, 따뜻한 햇볕, 숨 쉴 때 필요한 공기도 값없이 주어졌습니다. 가장 귀한 것은 하나님이 선물로 주셨습니다.

우리는 이 38년 된 병자를 고치신 치유의 기적 속에서도 십자가를 발견할 수 있어야 합니다. 사랑과 생명을 내어 놓으신 주님의 값비싼 희생을 담보로 38년 된 병자가 고침을 받았습니다. 그분은 지금도 우리 가운데 역사하십니다.

> "우리가 아직 죄인 되었을 때에 그리스도께서 우리를 위하여 죽으심으로 하나님께서 우리에 대한 자기의 사랑을 확증하셨느니라"(롬 5:8)

말씀 실천하기

1. 고통 중에 있는 이웃에게 나는 어떻게 사랑을 실천하고 있습니까?
2. 예수님이 나에게 주신 소망은 무엇입니까?

합심 기도하기

1. 나를 선택하시고 나를 구원하신 주님! 진심으로 감사합니다. 그 은혜를 항상 잊지 않고 감사하는 삶을 살게 하소서.
2. 말로만이 아니라 몸으로 사랑을 실천하며 항상 구원의 복음을 증거하게 하소서.

04 헌신의 표적

본문 말씀 요 6:1~15

이룰 목표
- 예수님이 풍성한 은혜와 천국잔치를 베푸시는 분임을 안다.
- 하나님의 역사는 우리의 믿음과 헌신을 통해 이루어짐을 안다.

말씀 살피기
- 예수님이 빌립에게 질문하신 것은 무엇입니까?(5절)
- 빌립은 무엇이라고 대답했습니까?(7절)
- 안드레의 응답은 예수님께 누구를 소개합니까?(8~9절)
- 예수님은 오병이어의 이적을 베푸시기 전해 어떤 일을 행하셨습니까?(10~11절)

소그룹 예배 인도 순서

사도신경 다 같이
찬송 327장(통 361)
기도 회원 중
본문 말씀 요 6:1~15
새길 말씀 요 6:9~12
헌금 찬송 321장(통 351)
헌금 기도 회원 중
주기도문 다 같이

말씀 나누기

요한복음에 기록된 기적들은 단순한 기적(miracle)이 아니라 표적(sign)입니다. 표적은 그 자체에 의미가 있는 것이 아니라 교훈을 가르치는 데 유익한 도구입니다. 본문에는 예수님이 보리떡 다섯 개와 물고기 두 마리로 오천 명을 먹이시고 열두 바구니를 남긴 사건이 기록되어 있습니다.

예수님이 큰 무리를 바라보시고 빌립에게 묻습니다. "어디서 떡을 사서 이 사람들로 먹게 하겠느냐?" 빌립을 시험하시기 위해 하신 말씀입니다. 예수님이 빌립에게 원하시는 대답은 무엇입니까? 해결 방법이 아니라 해결하려는 믿음이었습니다.

기적은 방법이 아니라 믿음으로 일어납니다. 그러나 빌립은 무엇이라고 대답했습니까? 제법 합리적이고 계산적인 대답을 합니다. 본문 7절입니다. "빌립이 대답하되 각 사람으로 조금씩 받게 할지라도 이백 데나리온의 떡이 부족하리이다" 빌립의 대답은 불가능하다는 결론입니다. 빌립은 현실의 어려움은 바라보았지만 전능하신 주님을 바라보지는 못했습니다. 그러면 어떻게 오병이어의 기적을 행하실 수 있었겠습니까?

1. 예수님은 어린 아이의 헌신을 통해 일하셨습니다

본문 9절에 "여기 한 아이가 있어 보리떡 다섯 개와 물고기 두 마리를 가졌나이다"라고 기록하고 있습니다. 어린 아이가 가져온 것은 매우 작은 것이었지만 예수님께서 귀히 보셨습니다. 보리떡은 가난한 사람들의 양식이었습니다.

물고기로 번역 된 '옵사리온' 역시 어부들이 버린 고기였습니다. 가난한 사람들이 주워 소금에 절여 양식으로 삼았던 고기입니다. 즉 예수님 앞에 가난한 사람들의 한 끼 식사였던 보리떡 다섯 개와 소금에 절인 작은 물고기가 바쳐진 것입니다. 그런데 이러한 보잘 것 없는 것을 통해 놀라운 기적이 일어난 것입니다. 어린 아이의 헌신이 있었기 때문입니다. 많고 적음의 문제가 아닙니다. 무엇이든 주님께 드려지면 크게 사용됩니다.

이탈리아에 주둔하던 미군 상사의 아들인 13세의 바비는 어느 날 아프리카 밀림의 성자 알베르트 슈바이처 박사에 관한 책을 읽고 감동을 받았습니다. 소년은 슈바이처 박사를 도울 방법이 없을까 고민하다 유럽 지역 미공군 사령관 리처드 린제이 장군에게 편지를 썼습니다.

"제가 산 아스피린 한 병을 보냅니다. 이 약을 아프리카에 계신 슈바

이처 박사님의 병원에 낙하산으로 떨어뜨려 주셨으면 감사하겠습니다." 소년이 보낸 편지를 읽은 린제이 장군은 편지를 방송국에 보냈습니다. 방송국은 소년의 따뜻한 사랑이 담긴 사연을 그대로 방송했고, 감동을 받은 유럽 사람들이 많은 돈과 약품을 보냈습니다.

린제이 장군은 40만 달러에 해당하는 약품을 모아 비행기에 실은 뒤, 아프리카의 슈바이처 박사에게 보냈습니다. 물론 비행기 안에는 바비가 동승했습니다. 소년은 슈바이처에게 의약품을 전달하였습니다.

후에 슈바이처 박사는 이 일을 기억하며 이렇게 말했습니다. "어린아이가 이런 큰일을 할 수 있으리라고는 생각하지 못했습니다. 비록 작은 어린아이의 헌신이었지만 이 일이 아프리카 선교의 가장 큰 일을 이루게 되었습니다."라고 감격을 표현했습니다.

하나님은 헌신을 통해 위대한 일을 이루십니다. 보잘 것 없지만 온전히 헌신할 때 기적은 반드시 일어납니다. 본문에 나오는 아이는 특별한 것이 아니라 자기가 가지고 있던 것을 드린 것처럼 하나님이 요구하시는 것은 특별한 것이 아닙니다. 우리에게 있는 것, 할 수 있는 것들을 요구하십니다. 내게 있는 시간, 재능, 지식, 물질, 무엇이든 있는 그대로 온전히 헌신하면 빈들의 기적은 지금도 일어날 수 있습니다.

> "예수께서 베다니 나병환자 시몬의 집에서 식사하실 때에 한 여자가 매우 값진 향유 곧 순전한 나드 한 옥합을 가지고 와서 그 옥합을 깨뜨려 예수의 머리에 부으니"(막 14:3)

2. 예수님은 순종을 통해 일하셨습니다(10절)

본문 10절에 "예수께서 이르시되 이 사람들로 앉게 하라 하시니 그 곳에 잔디가 많은지라 사람들이 앉으니 수가 오천 명쯤 되더라"는 기록과 예수님이 제자들에게 "사람들로 떼를 지어 백 명, 오십 명씩 앉게 하라"는 말씀이 기록되어 있습니다. 그런 후에 보리떡 다섯 개와 물고기 두 마리를 축사하신 후 제자들에게 나누어주라고 명하셨습니다.

이 말씀을 유심히 살펴보아야 합니다. 떡을 나누어주기 전까지 아무런 변화가 일어나지 않았습니다. 그러나 제자들은 떡을 나누어주라는 명령을 듣고 나누어 줄 때 기적이 일어났습니다. 거기 모인 오 천 명이 먹고 남는 기적의 역사가 나타난 것입니다. 가능하다고 생각하는 일에 순종하지 못하는 사람이 어디 있습니까? 그러나 내 생각과 다르더라도 주님의 말씀이라면 순종하는 것이 믿음입니다. 순종할 때 하나님의 기적이 일어나는 것입니다.

하나님의 말씀은 언제나 명령과 약속으로 되어 있습니다. 명령은 하나님이 우리에게 요구하시는 내용입니다. 그리고 약속은 하나님이 우리를 위해 행하시는 약속입니다. 우리는 언제는 약속을 믿고 바라보면서 명령에 순종해야 합니다. 그래서 순종이 믿음입니다. 순종은 축복을 가져오는 열쇠입니다. 말씀을 믿고 순종할 때 놀라운 기적이 일어납니다.

"너희가 진리를 순종함으로 너희 영혼을 깨끗하게 하여 거짓이 없이 형제를 사랑하기에 이르렀으니 마음으로 뜨겁게 서로 사랑하라"(벧전 1:22)

3. 예수님은 감사를 통해 일하셨습니다(11절)

본문에서 주목할 말씀은 "예수께서 떡을 가져 축사하신 후에"(11절)입니다. 예수님이 물고기 두 마리와 보리떡 다섯 개를 들고 하늘을 우러러 축사하신 것입니다. 육신의 눈으로 보면 보잘 것 없지만, 하나님께 감사의 기도를 드렸습니다. 지극히 작은 것에 감사하셨습니다. 지극히 작은 것을 가지고 축복하셨습니다. 일반적으로 작은 것은 무시하기 쉽습니다. 작은 것의 가치를 모를 수 있습니다. 그렇지만 오병이어의 작은 것들이 감사를 통해 기적의 도구가 되었습니다.

빈들의 기적은 감사로부터 일어났습니다. 그러므로 어떤 환경과 처지에서도 감사를 행해야 합니다. 기적을 만드는 감사는 이루어진 것을 보고 드리는 감사가 아니라 하나님이 행하실 것을 믿고 하는 선행적 감사입니다.

오늘 우리가 힘들고 어려운 일로 인해 낙심되고 절망적일 때가 많습니다. 그러나 예수님의 제자들인 우리는 우리와 함께 계시는 주님을 바라보아야 합니다. 그리고 비록 부족하고 연약한 것이라 할지라도 주님께 내어드릴 때, 주님의 말씀 앞에 순종할 때 그리고 작은 일이라 할지라도 헤아려 감사할 때 합력하여 선을 이루시는 하나님을 체험하게 될 것입니다.

"감사로 제사를 드리는 자가 나를 영화롭게 하나니 그의 행위를 옳게 하는 자에게 내가 하나님의 구원을 보이리라"(시 50:23)

말씀 실천하기

1. 내게 주어진 환경을 믿음의 눈으로 바라보고 있습니까?
2. 주님께 드릴 나의 오병이어는 무엇입니까?

합심 기도하기

1. 내게 다가온 어떤 일이든 믿음으로 바라볼 수 있도록 역사하소서.
2. 하나님이 나에게 요구하신 것이라면 그 어떤 것이라도 하나님을 위해 헌신하게 하소서.

05 물 위를 걸어오신 예수

본문 말씀 요 6:16~21

이룰 목표
- 어떤 시험일지라도 예수님이 함께 하시면 극복할 수 있음을 안다.
- 예수님은 그 어떤 풍랑과 어려움도 잔잔케 하실 수 있는 전능하신 분임을 안다.

말씀 살피기
- 배를 타고 바다를 건너는 데 아직 누가 오시지 않았습니까?(17절)
- 큰 바람이 부는 바다 위를 예수님이 걸어오실 때 제자들의 반응은 어땠습니까?(19절)
- 예수님은 두려워하는 그들에게 무슨 말씀을 하십니까?(20절)

소그룹 예배 인도 순서

사도신경 다 같이
찬송 344장
기도 회원 중
본문 말씀 요 6:16~21
새길 말씀 요 6:20~21
헌금 찬송 345장(통 461)
헌금 기도 회원 중
주기도문 다 같이

말씀 나누기

본문은 오병이어의 기적 직후에 일어난 사건입니다. 오병이어의 기적을 목격했던 수많은 군중들은 흥분을 감추지 못하고 예수님을 왕으로 추대하려는 움직임을 보이기 시작했습니다. '이런 분이라면 우리가 지금 겪고 있는 식량 문제나 군사 정치 문제를 능히 해결할 수 있다.'는 생각을 갖게 되었습니다. 그러나 주님은 왕이 되라는 유혹을 뿌리치시고, 무리들과 제자들을 떠나보내시고, 가까운 산으로 기도하러 가셨습니다.

이때 배를 타고 갈릴리 바다를 건너가던 제자들 앞에 갑자기 풍랑이 몰아치면서 큰 바람이 불기 시작했습니다. 배에 타고 있던 제자들은 두려움에 빠져 애써 노를 저었습니다. 그때 예수님이 파도가 일어나는 바다 위를 걸어 제자들을 향해서 다가오십니다.

제자들이 유령인가 하여 더욱 놀라고 더욱 불안해 할 때, 뜻밖에도 주님의 음성이 들려 왔습니다. "내니 두려워 말라"(20절). 제자들은 비로소 주님을 모시고 목적지까지 무사히 도착했으며, 바람도 파도도 잠잠해졌습니다.

우리는 여기서 왜 제자들이 이런 풍랑을 만났고 이 사건을 통해 주는 교훈이 무엇인가를 찾아보겠습니다.

1. 주님이 없는 배가 위기를 만났습니다

제자들은 바다에서 고난을 받기 전에 기적을 체험했습니다. 오천 명 이상 되는 수많은 사람들을 보리떡 다섯 개와 물고기 두 마리로 먹이시는 주님의 위대한 기적을 체험했습니다. 제자들은 놀라운 능력을 소유하신 주님과 함께 지내는 것만으로도 자신들이 특권을 누리고 있다고 생각했을 것입니다.

그런데 그 기쁨도 잠깐이었습니다. 제자들은 곧 바다에서 풍랑을 만났습니다. 예수님이 제자들과 함께 있을 때는 그들의 문제를 해결해 줄 수 있고 위로해 줄 수 있고 필요를 채워 줄 수 있었지만, 그들만 있을 때는 어찌될 것인지를 염려하셨습니다.

그래서 그들에게 훈련이 필요했습니다. 더 거센 파도와 비바람을 견뎌내기 위해서 갈릴리 호수에서 작은 고난을 경험할 필요가 있었던 것입니다.

우리 삶에는 벳세다의 기적보다 바람과 파도에 대항하여 싸우는 고난의 삶이 더 자주 있을 수 있습니다. 축복과 영광을 신앙생활의 전부로 이해하는 사람들은 이 고난의 바다에서 어쩔 줄 모르고 당황할 수밖에 없습니다.

그러나 이러한 역경 앞에서 우리 주님이 우리와 함께 계시느냐를 점검해 보아야 할 것입니다. 주님이 없이 만난 역경은 어찌 할 줄 모르고 당황할 수밖에 없지만 우리 주님이 함께 계시다면 무엇이 문제이겠습니까?

"우리는 다 양 같아서 그릇 행하여 각기 제 길로 갔거늘 여호와께서는 우리 모두의 죄악을 그에게 담당시키셨도다"(사 53:6)

2. 주님은 위기의 현장을 찾아오셨습니다

그리스도인으로서 어떻게 고난을 극복해야 하는지에 대한 교훈을 주기 위해서 주께서 제자들에게 고난의 현장을 허용하셨습니다. 이것은 일종의 시험입니다. 그러나 제자들은 시험에서 예수님의 제자답지 않게 불안해하며 초조해 하며 낙심하며 좌절했습니다.

그리스도인인 우리가 이렇게 흔들거리고, 좌절하며, 무의미한 삶의 늪에 침몰되어 비틀거리는 것은 왜입니까? 무엇이 잘못되었을까요?

제자들이 실패한 이유는 첫째로, 예수님이 눈에 보이지 않았기 때문입니다. 17절에서 "예수는 아직 그들에게 오시지 아니하셨더니"라는 말씀이 있습니다. 지금까지 놀라운 기적의 예수님을 체험했던 제자들이었지만 한 순간 주님이 보이지 않습니다. 보이는 것은 바람과 파도, 나의 무력함과 좌절과 절망과 불안뿐입니다. 주님을 찾았으나 보이지 않았습니다. 보이는 것은 답답한 현실입니다. 어느 한 순간 영적으로 침체되어 주님이 멀게만 느껴질 때가 있습니다. 그것은 예수님이 눈에 보이지 않기 때문입니다.

둘째로, 찾아오시는 예수님을 분별할 수 있는 영적인 안목이 없었기 때문입니다. 예수님이 고난당하는 제자들을 보시고 바다 위로 걸어오실 때, 제자들은 유령인가 하여 더 깊은 좌절과 불안과 혼란 속으로 빠져 들었습니다. 그래서 주님을 보아도 알아보지 못했습니다.

고난의 현장에서 두려워 떨 때 변함없이 찾아오셔서 도와주시는 주님을 믿는 믿음이 없었습니다. 육체적으로 내 곁에 안 계시지만, 내 눈에 보이지 않지만 그러나 이 험하고 힘든 삶의 현장에서 나를 도우시는 나와 함께 계시는 그 하나님을 바라보지 못하고 분별하지 못했습니다. 이것이 절망과 고통의 주된 원인입니다.

> "내가 너희에게 분부한 모든 것을 가르쳐 지키게 하라 볼지어다 내가 세상 끝날까지 너희와 항상 함께 있으리라 하시니라"(마 28:20)

3. 주님을 기쁘게 배안에 영접했습니다

20~21절을 보면 "이르시되 내니 두려워하지 말라 하신대 이에 기뻐서 배로 영접하니 배는 곧 그들이 가려던 땅에 이르렀더라"고 했습니다. 제자들은 주님이 어디에 계신지 몰라 당황하며 애태우고 있었습니다. 이때 주님께서 제자들이 괴롭게 노 젓는 모습을 보셨습니다. 이처럼 주님이 우리의 절망과 좌절과 눈물을 보시고, 우리의 아픔과 허물을 치유하려고 친히 찾아오십니다.

우리는 많이 힘들 때, '아무도 나를 봐 주는 사람이 없다.'고 생각합니다. 아닙니다. 주님은 우리를 바라보고 계십니다. 또 어떤 때는 "주님, 왜 조금 더 일찍 오지 않으셨습니까?"라고 불평합니다. 그러나 그분이 오시는 때가 정확한 때입니다.

우리는 급하게 부르짖습니다. "주님 빨리 오셔서 도와주십시오." 주님은 늑장을 부리시는 것이 아닙니다. 우리가 알아야 할 교훈이 있기 때문에 조금만 더 참으라고 말씀하십니다. 그리고 그분은 정확한 때에 우리에게 다가오십니다. 그분은 꼭 필요한 때에 우리가 서 있는 삶의 자리에 찾아오십니다. 그리고 "내니 두려워 말라"(20절)고 말씀하십니다.

우리에게 찾아온 주님은 이 엄청난 풍랑과 두려움을 이길 수 있는 구원자이십니다. 이 모든 역사를 주관하시는 주권자이십니다. 두려워하지 말라고 말씀하십니다. 이제 두려워할 필요가 없습니다. 이 모든 역사를 주관하시는 주님이 오셨다는 것입니다.

그래서 제자들은 기뻐하며 예수님을 영접했습니다. 이것이 제자들의 믿음이었습니다. 풍랑 가운데 찾아오신 주님을 영접할 때 풍랑은 잔잔해지고 그들이 가려던 땅에 이르렀다고 하였습니다. 예수님은 고통과 문제의 현장에 모셔 들이는 것입니다.

> "내가 너와 함께 있어 네가 어디로 가든지 너를 지키며 너를 이끌어 이 땅으로 돌아오게 할지라 내가 네게 허락한 것을 다 이루기까지 너를 떠나지 아니하리라 하신지라"(창 28:15)

말씀 실천하기

1. 나의 삶의 현장에 주님이 늘 함께 계심을 믿고 있습니까?
2. 요즘 나를 두렵게 하는 것은 무엇입니까? 두려움을 버리고 평안함을 얻을 수 있는 비결은 무엇이라고 생각합니까?

합심 기도하기

1. 언제나 주님과 동행하게 하시고 항상 주님을 잊어버리지 않게 하소서.
2. 지금 내게 있는 그 어떤 두려움도 극복하게 하시고 하나님의 평강으로 가득 채워 주소서.

06 맹인의 눈을 뜨게 하신 예수

본문 말씀 요 9:1~12

이룰 목표
- 고통은 죄 때문이 아니라 하나님의 영광을 드러내기 위함임을 안다.
- 영적인 눈이 열려서 하나님의 말씀에 순종할 때 복을 받고 불순종할 때 버림을 받는다는 사실을 깨닫는다.

말씀 살피기
- 제자들이 질문한 맹인에 대한 문제는 무엇이었습니까?(2절)
- 예수님은 무엇 때문에 맹인이 되었다고 말씀하셨습니까?(3절)
- 예수님은 맹인을 치료하실 때 어떤 방법을 사용 하셨습니까?(6절)
- '실로암'의 의미는 무엇입니까?(7절)

소그룹 예배 인도 순서

사도신경 다 같이
찬송 407장(통 465)
기도 회원 중
본문 말씀 요 9:1~12
새길 말씀 요 9:3~5
헌금 찬송 471장(통 528)
헌금 기도 회원 중
주기도문 다 같이

말씀 나누기

하루는 예수님이 난 때부터 맹인이 된 자를 만나게 되었습니다. 제자들이 예수님에게 "이 사람이 맹인으로 난 것이 뉘 죄로 인함이오니까? 자기의 죄이오니까 그 부모이오니까?"(2절)고 물었습니다. 주님께서 "이 사람이나 부모가 죄를 범한 것이 아니라 그에게서 하나님이 하시는 일을 나타내고자 하심이라"(3절)고 말씀하셨습니다. 그리고 땅에 침을 뱉어 진흙을 이겨 그의 눈에 바르시며 "실로암 못에 가서 씻으라"고 하셨는데 그 사람이 그대로 순종하자 곧 보이지 않던 눈이 보이는 기적을 체험하게 되었습니다.

오늘 현대를 살아가는 사람들 가운데는 육신의 눈은 건강하지만 영적으로 보지 못하는 사람들이 얼마나 많은지 모릅니다. 사람이 눈이 밝아야 길을 제대로 찾을 수 있듯이 천성을 향한 순례의 인생길에서도 영적인 눈을 밝게 떠야 낙오되지 않고 잘 찾아갈 수 있습니다. 나면서부터 맹인 된 자가 고침을 받았던 것처럼 우리의 어두웠던 영안이 열리고 하나님의 영광을 새롭게 바라보는 은혜 충만한 시간이 되시기를 바랍니다.

1. 누구의 죄 때문이냐?(1~2절)

제자들은 예수님께 "이렇게 날 때부터 맹인이 된 것은 누구의 죄 때문이냐?"고 물었습니다. 그 당시 유대교의 전통에 따르면 사람이 살면서 겪게 되는 불행에는 반드시 그 이유가 있는데 그것은 지은 죄에 대한 결과라는 생각이 일반적이었습니다.

그러나 예수님은 이렇게 말씀하셨습니다. 3절을 보면, "예수께서 대답하시되 이 사람이나 그 부모의 죄로 인한 것이 아니라 그에게서 하나님이 하시는 일을 나타내고자 하심이라" 예수님은 이 사람이나 그 부모가 죄를 범한 것이 아니라 그에게서 하나님의 하시는 일을 나타내고자 하심이라고 말씀하셨습니다.

우리에게 다가온 여러 가지 재난으로 인해 많은 아픔을 경험하고 한숨만 쉬면서 탄식하는 경우가 많습니다. 왜, 이런 고통이 나에게, 우리 가정에 올 수가 있느냐고 불평하는 경우가 많습니다. 그러나 오늘 본문의 말씀에 의하면 우리는 그런 고통을 통해서도 하나님께 영광을 돌리고 하나님의 하시고자 하신 뜻을 이루어 드릴 수 있음을 알 수 있습니다.

어떤 사건 속에서도 우리는 하나님의 메시지를 듣고 하나님의 섭리를 발견할 수 있어야 합니다. 오늘 본문에 등장하는 시각장애인은 누구의 죄 때문이 아니라고 말씀하셨습니다. 단지 하나님의 하시는 일을 나타내기 위함이었습니다.

> "죄의 삯은 사망이요 하나님의 은사는 그리스도 예수 우리 주 안에 있는 영생이니라"(롬 6:23)

2. 하나님이 하시려는 뜻이 있습니다(3~6절)

나면서부터 앞을 보지 못하는 사람에게는 세상 만물을 볼 수 없는 불행과 부모의 얼굴도, 형제자매의 모습도, 친구들도 볼 수 없는 안타까움이 있습니다. 사람들이 아름답다고 말하면 무엇이 아름다운 것인지 감도 잡히지 않는 딱한 처지에 있었습니다. 볼 수 없는 것처럼 불행한 것은 없을 것입니다.

고통은 앞을 보지 못하는 사람에게만 있는 것은 아닙니다. 우리 인생에서는 누구나 고통을 당하고 있습니다. 사람이 살고 있는 곳에는 어디나 고통이 있게 마련입니다. 어떤 의미에서 고통, 문제가 있다는 것은 사람이 살아있다는 증거이기도 합니다. 이 문제를 풀어 가는 것이 인간의 삶이라고도 볼 수 있습니다. 고난을 통해서 하나님이 하시고자 하시는 일이 무엇입니까?

하나님이 하시고자 하시는 일이 무엇인지에 대한 질문에 사람들은 현재 일을 과거의 결과라고 생각합니다. 예를 들면 내가 위에 병이 걸렸으면 내가 무엇을 잘못 먹었기 때문이라고 원인을 과거에 둡니다. 언제나 과거가 원인이고 현재는 결과라고 생각합니다. 그러나 예수님은 오늘 고통의 원인이 과거에 있는 것이 아니라 미래에 있다는 것입니다. 오늘 이 맹인은 태어나서 지금까지 맹인으로 살았지만 앞으로 하나님이 하고자 하시는 일을 위해서 맹인이 되었다는 것입니다.

예수님은 땅에 침을 뱉어 진흙을 이기셔서 그 맹인의 눈에 바르셨습니다. 병자나 장애자들을 치유하실 때 여러 방법을 사용하셨습니다. 어떤 때는 손을 대시며 고쳐 주시고, 어떤 때는 말씀만 하시고, 또 어떤 때는 큰 소리로 명하시며 귀신을 쫓기도 하셨습니다.

여기서는 또 새로운 방법을 사용하셨습니다. 우리는 예수님의 이러한 다양한 치유의 방법을 보면서 의아한 느낌을 가질 수도 있겠지만 그러나 중요한 것은 고치시는 방법이 아니라 필요에 따라 사랑과 긍휼을 베푸셨다는 것입니다.

"내 입에서 나가는 말도 이와 같이 헛되이 내게로 되돌아오지 아니하고 나의 기뻐하는 뜻을 이루며 내가 보낸 일에 형통함이니라"(사 55:11)

3. 순종할 때 기적을 베풀어주십니다(7~12절)

침으로 진흙을 이겨 맹인의 눈에 발라주신 주님께서 이제는 "실로암 못에 가서 씻으라"고 말씀하셨습니다. 실로암 못은 예루살렘의 식수의 근원으로써 성전 남쪽에 위치해 있었습니다. 직경은 6m이고, 깊이는 9m 정도 되는 조그마한 저수지였습니다. 그 저수지는 모르는 사람이 없었습니다.

예수님의 명령을 받은 그 맹인은 이런 치료 방법에 항의를 한다든지 혹은 눈에 침으로 이긴 진흙이 묻은 눈을 실로암 못에 가서 씻으라는 말씀에 귀찮아하며 짜증을 낼 수도 있었습니다. 그런데 이 사람은 즉시 순종했습니다. 그러자 그의 눈이 밝아져 볼 수 있게 되었습니다. 이처럼 순종할 때 역사가 일어납니다.

예수님이 하나님의 말씀과 뜻에 순종하셨듯이 위대한 하나님의 사람들 역시 하나님께 절대 순종했습니다. 왕이나 선지자나 제사장들도 순종할 때는 복을 받았지만 불순종할 때는 비참한 자리에 떨어졌습니다. 특히 이 맹인 거지에게는 진흙을 이겨 눈에 발랐기 때문에 씻으러 가지 않을 수 없었습니다. 순종할 수밖에 없도록 주님께서 은혜를 베푸신 것입니다.

나면서 맹인 된 거지는 예수님의 말씀이 떨어지자마자 순종하여 실로암 못에 가서 씻었더니 눈이 밝아졌습니다. 우리들도 주님의 말씀에 순종해야 합니다. 순종하면 우리의 모든 문제가 해결될 것입니다.

영적인 맹인이 되어 진리도 모른 채 살아가고 있다면 이제 순종으로 영적인 눈을 떠야 합니다. 영적인 눈을 뜰 때 매일매일 감격하는 삶을 살 수 있습니다.

> "이 율법책을 네 입에서 떠나지 말게 하며 주야로 그것을 묵상하여 그 안에 기록된 대로 다 지켜 행하라 그리하면 네 길이 평탄하게 될 것이며 네가 형통하리라"(수 1:8)

말씀 실천하기

1. 내게 있는 여러 가지 문제를 통해 하나님이 하시고자 하시는 일은 무엇이라고 생각합니까?
2. 날마다 주시는 하나님의 말씀에 순종하고 있습니까? 순종하지 못하는 말씀은 무엇입니까?

합심 기도하기

1. 내게 주어진 고통을 통해 하나님이 하시고자 하는 일이 나타나고, 하나님의 영광이 드러나게 하소서.
2. 무엇보다 하나님의 말씀에 순종할 수 있는 믿음을 주소서.

07 나사로를 살리신 예수

본문 말씀 요 11:1~15

이룰 목표
- 죽음이 끝이 아니라 그 이후 부활이 있다는 사실을 깨닫는다.
- 모든 것을 다 알고 계시는 하나님에 대해 배운다.

말씀 살피기
- 예수님은 나사의 병을 어떻게 평가하였습니까?(4절)
- 예수님의 나사로의 죽음에 대해 어떻게 말씀하셨습니까?(11~13절)
- 나사로의 부활사건을 통해 예수님이 이루시려는 목적이 무엇입니까?(15절)

소그룹 예배 인도 순서

사도신경 다 같이
찬송 380장(통 424)
기도 회원 중
본문 말씀 요 11:1~15
새길 말씀 요 11:4
헌금 찬송 436장(통 493)
헌금 기도 회원 중
주기도문 다 같이

말씀 나누기

기적을 기대할 수밖에 없는 절박한 상황에 놓인 한 가정의 이야기입니다. 집안의 가장이었던 나사로가 병들어 죽어가고 있었습니다. 그 때 그 여동생들이 예수님께 사람을 보내고 초조하게 이틀을 기다렸지만 예수님은 나타나지 않으시고 결국 나사로는 죽고 말았습니다. 장례를 치르고 나흘이 지난 뒤에 예수님이 오셨습니다. 3절에서 "이에 그 누이들이 예수께 사람을 보내어 이르되 주여 보시옵소서 사랑하시는 자가 병들었나이다 하니"라고 말씀하고 있습니다.

이들만 주님을 사랑한 것이 아니라 주님도

이들을 사랑했다는 흔적을 말씀에서 찾아볼 수 있습니다. "예수께서 본래 마르다와 그 동생과 나사로를 사랑하시더니"(5절). 분명히 예수님은 이들을 사랑하셨습니다. 그런데 이런 비극이 주님을 사랑했던 가정에서 일어났습니다. 어떤 사람들은 주님을 사랑하는 사람은 병들지 않아야 한다고 주장합니다.

이런 납득할 수 없는 상황에 부딪칠 때 그리스도인들은 "이런 삶의 난관을 어떻게 극복해야 하는가?"라는 질문을 하게 됩니다. "하나님은 어디 계실까?" 또 "그분이 우리의 고통을 모르실까?"하며 좌절과 원망을 토로하기도 합니다.

그러나 본문을 통해 예수님께서 우리가 겪는 고통스러운 문제를 어떻게 극복해 나갈 수 있도록 도와주시는 지에 대해 교훈을 얻으려 합니다.

1. 예수님은 부활의 진리를 깨우쳐 주셨습니다

인간은 누구나 결국에는 죽습니다. 그리스도인이든 아니든 분명한 것은 인간은 누구나 죽는다는 사실입니다. 그러나 그리스도인에게는 부활의 소망이 있습니다. 예수님은 참으로 이해하기 어려운 부활을 증거 하기 위해서 나사로의 죽음을 사용하셨습니다. 나사로가 세상을 떠날 때 주님은 다른 장소에 계셨습니다.

11절에 보면 주께서 갑자기 걸음을 멈추고 이렇게 말씀하십니다. "이 말씀을 하신 후에 또 가라사대 우리 친구 나사로가 잠들었도다 그러나 내가 깨우러 가노라." 예수님은 나사로의 죽음을 "잠들었다"는 표현을 사용하셨습니다. 부활을 전제하지 않는다면 죽음은 결코 잠이 아닙니다. 그것은 완전히 사라지는 것입니다.

그러나 부활이 기대되는 죽음은 분명히 잠입니다. 하루일과를 마치고 잠자리에 들면서 절망하거나 통곡하거나 유서를 써 놓는 사람은 없습니다. 새날이 밝을 것을 기대하며 평안히 잠을 청합니다. 내일이 있음을 알기 때문에 진정한 안식을 누릴 수 있습니다. 그리스도인의 죽음은 마치 잠을 자는 것과 같습니다.

성 프란시스는 죽음을 주께서 허락하신 "안식의 선물"이라고 표현했습니다. 모든 그리스도인이 이와 같은 부활 신앙을 소유할 때 참으로 죽음을 두려워하지 않을 수 있습니다.

"만일 죽은 자의 부활이 없으면 그리스도도 다시 살아나지 못하셨으리라"(고전 15:13)

2. 하나님께서 자신의 영광을 나타내실 것을 깨우쳐 주셨습니다

예수님이 병들어 누워있는 나사로를 제 때에 찾아가지 않으셨기 때문에 나사로의 가족들은 절망하며 나중에는 주님을 원망하기까지 했습니다. 그런데 주님은 나사로에게 가는 대신, 심부름 온 사람에게 이런 메시지를 전달했습니다. "이 병은 죽을병이 아니라 하나님의 영광을 위함이요"(4절). 하나님의 영광을 위해 병에 걸릴 수도 있고 세상을 떠날 수도 있습니다.

나사로가 병들어 죽게 된 사건은 부활의 교훈을 통해 하나님의 영광을 나타내기 위해 예수님이 늦게 가셨습니다. 만약 나사로가 죽은 바로 다음날 나사로를 살리셨다면, 많은 사람들은 나사로가 완전히 죽지 않았기 때문에 다시 살아난 것이라고 헛소문을 퍼뜨릴 가능성이 있었습니다.

죽은 지 나흘이 지나 시신이 썩기 시작하였습니다. 이처럼 완전히 사망이 입증되었을 때 예수님이 찾아 가셨습니다. 그리고 "나는 부활이요 생명이니"(25절)고 말씀하십니다. 한 사람의 죽음을 통해 부활의 놀라운 진리를 선포하셨습니다.

이와 같이 우리의 삶에 다가오는 수많은 역경과 죽음이 다가온다 할지라도 그것을 통해 하나님의 영광이 드러내실 수 있는 것입니다. 예를 들면 그들이 믿음으로 질병을 이기거나 아니면 주님 품 안에 평안히 안식하는 모습을 보면서 남은 자들이 그 믿음을 본받을 수 있습니다.

예수님의 십자가도 절망의 끝이 아니었습니다. 그 죽음은 영광스러운 사역의 시작이었습니다. 하나님은 우리가 당하고 있는 이해할 수 없는 고통과 절망과 역경을 통해 자신의 영광을 반드시 나타내십니다. 인간이 하나님의 섭리를 다 깨달을 수는 없습니다. 그러므로 우리가 이해할 수 없는 고난에 처해 있다 해도 하나님의 영광이 드러날 것을 믿으며 하루하루를 충실히 살아가야 합니다.

"믿음이 없어 하나님의 약속을 의심하지 않고 믿음으로 견고하여져서 하나님께 영광을 돌리며"(롬 4:20)

3. 예수님은 우리의 모든 형편을 알고 계심을 깨우쳐 주십니다

11절 말씀에는 예수님은 나사로가 죽었음을 이미 아셨다는 증거로 "우리 친구 나사로가 잠들었도다"가 기록되어 있습니다. 그분은 우리가 당하는 모든 고통을 알고 계십니다. 그러므로 우리가 힘들 때 좌절할 필요가 없습니다. 그분이 우리의 형편을 아시고 함께 고통당하시며 슬퍼하시기 때문입니다.

나사로가 죽은 지 나흘이 지났을 때 예수님은 베다니에 오셔서 "나는 부활이요 생명이니 나를 믿는 자는 죽어도 살겠고 무릇 살아서 나를 믿는 자는 영원히 죽지 아니하리니"(25~26절)라고 말씀하십니다. 그리스도를 믿는 자는 육체가 부활할 뿐더러 영원히 죽지 않는 존재가 됩니다. 예수 그리스도를 구주로 영접한 사람은 하나님과 영원한 관계를 맺었습니다. 이 관계는 무엇으로도 끊을 수 없습니다.

"누가 우리를 그리스도의 사랑에서 끊으리요…내가 확신하노니 사망이나 생명이나 천사들이나 권세자들이나 현재 일이나 장래 일이나 능력이나 높음이나 깊음이나 다른 아무 피조물이라도 우리를 우리 주 그리스도 예수 안에 있는 하나님의 사랑에서 끊을 수 없으리라"(롬 8:35, 38~39).

"여호와께서 사무엘에게 이르시되 그의 용모와 키를 보지 말라 내가 이미 그를 버렸노라 내가 보는 것은 사람과 같지 아니하니 사람은 외모를 보거니와 나 여호와는 중심을 보느니라 하시더라"(삼상 16:7)

말씀 실천하기

1. 나의 삶에 부활의 신앙이 어떤 영향을 미치고 있습니까?
2. 나의 죽음을 상상한다면 나는 어떤 죽음을 맞이하고 싶습니까?

합심 기도하기

1. 죽음을 이기는 부활의 신앙을 나에게 허락하여 주소서.
2. 오늘 어떤 일을 만날지라도 살아계신 하나님, 전능하신 하나님을 믿고 담대하게 하소서.

구약에서 포도나무와 포도원은 종종
이스라엘을 상징하는 것으로
사용되었다. 그러나 이스라엘은 선택된
포도나무였으나(사 65:8)
들포도나무가 되었다(렘 2:21).

그리고 포도가 은유적인 표현으로
사용되어 여호와는 이스라엘 만나기를
'광야에서 포도를 만남같이'(호 9:10)
한다고 말하고 있다.

신약에서는 예수께서 하늘나라를
주인이 품꾼을 고용한 포도원으로
비유하였으며(마 20:1~6), 예수 자신이
'참 포도나무'로, 그 아버지를 '그
농부'로, 그 자녀된 자들은 '가지'로
묘사하고 있다(요 15:1~11).

인자가 온 것은 섬김을 받으려 함이 아니라

도리어 섬기려 하고 자기 목숨을 많은 사람의

대속물로 주려 함이니라(마가복음 10:45)

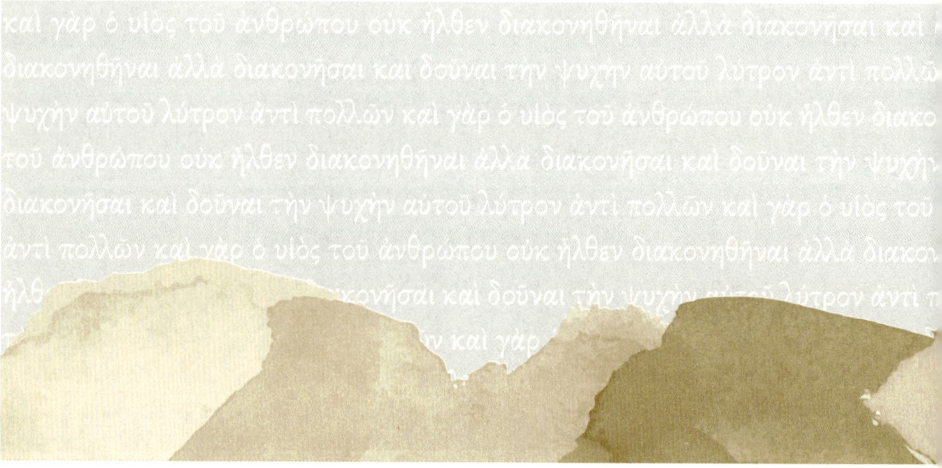

예수 그리스도의 상징

PART 7

01 생명의 떡이신 예수

본문 말씀 요 6:22~40

이룰 목표
- 예수님이 나의 생명이심을 안다.
- 예수님을 믿고 신뢰하는 사람이 된다.

말씀 살피기
- 무리가 예수님을 찾아 바다 건너편까지 온 까닭은 무엇입니까?(26절)
- 하나님의 떡을 세상에 주신 이유는 무엇입니까?(33절)

소그룹 예배 인도 순서

사도신경 다 같이
찬송 96장(통 94)
기도 회원 중
본문 말씀 요 6:22~40
새길 말씀 요 6:40
헌금 찬송 74장(통 74)
헌금 기도 회원 중
주기도문 다 같이

말씀 나누기

복음, 즉 기쁜 소식의 핵심은 예수 그리스도입니다. 예수님 없는 복음은 없습니다. 왜냐하면, 예수님이 기쁜 소식의 주체이자 그 소식의 근원이 되기 때문입니다. 이번 주부터는 예수님이 왜 기쁜 소식인지, 예수님께서 자신을 누구라고 했는지 7주간 동안 요한복음을 통해 알아보도록 하겠습니다.

요한복음이 기록된 목적은 예수님이 하나님의 아들 그리스도이며, 그의 이름 안에서 우리로 하여금 생명을 갖도록 하기 위해서입니다(요 20:31). 예수님은 자신을 나타내는 7가지 표현으로 '나는 누구이다'라고 말씀하십니다. 즉

이 세상 속에서의 예수님의 존재 목적과 생명의 말씀을 보여주십니다. 오늘 그 영원한 생명을 위한 예수님의 첫 번째 이야기 "나는 생명의 떡이다"라는 말씀을 살펴보도록 하겠습니다.

1. 예수님은 생명의 떡이십니다

예수님은 두 번이나 본문에서 자신을 생명의 떡이라 말씀하십니다. 떡이란 말은 그 당시 빵을 의미하며, 주식을 의미합니다. 밥(음식)을 먹지 않고 살 수 있는 사람은 없습니다. 이스라엘 민족도 출애굽 한 이후, 광야에서 음식이 없어 힘든 나그네 인생을 40년간 가졌습니다. 그러나 그 때, 하나님께서는 하늘에서 만나를 그들에게 주셨습니다. 만나가 없었다면 그들은 광야에서 죽었을 것입니다. 마찬가지로 예수님이 떡(빵)이라고 한 표현은 바로 예수님 없이는 살 수 없다는 표현입니다. 음식은 우리가 이 세상을 사는 동안만 필요한 것이지만, 생명의 떡 되신 예수님은 우리의 영원한 생명이 되어 주십니다(35, 51절).

생명의 떡이란 우리의 영혼을 살리는 것입니다. 이 떡은 예수님의 살로 표현하였습니다. 주님의 살과 피를 먹지 않으면, 우리에게 생명은 없습니다(53절). 그 살을 먹는 사람은 살게 됩니다. 그렇습니다. 영원한 생명을 위해 우리는 생명의 떡이신 예수님이 필요합니다.

> "살아계신 아버지께서 나를 보내시매 내가 아버지로 말미암아 사는 것 같이 나를 먹는 그 사람도 나로 말미암아 살리라"(요 6:57)

2. 생명의 떡을 먹는다는 것은 예수님을 믿는 것입니다

그렇다면, 우리는 어떻게 생명의 떡을 먹으며, 예수님과 함께 할 수 있을까요? 바로 예수님을 믿는 것입니다. 예수님을 신뢰하며, 마음으로 받아들이는 것입니다.

예수님이 보리떡 5개와 물고기 2마리로 오천 명을 먹이신 후, 가버나움으로 가셨습니다. 그리고 많은 무리들도 예수님을 따라 가버나움으로 갔습니다. 그때, 예수님은 그들이 예수님을 따르는 이유가 떡을 먹고 배부른 까닭이라고 말씀 하십니다(24~26절). 그들은 육신을 위해 왔습니다. 그러나 예수님은 그들을 위해 썩을 양식을 위하여 일하지 말고 영생을 위한 일을 하라고 말씀 하셨습니다. 그 영원한 일이 바로 예수님을 믿는 것입니다(29절: 예수께서 대답하여 이르시되 하나님께서 보내신 이를 믿는 것이 하나님의 일이니라 하시니).

많은 사람들은 육적인 것을 위해 열심히 일을 하면서도, 영적 생명에 관해서는 관심이 없거나 소홀히 합니다. 예수님은 살리는 것은 영이고, 육은 무익하다고 말씀하십니다(63절). 세상 사람들은 세상의 만족을 추구합니다. 물질만능주의, 그로 인한 개인주의, 경쟁심리 이 모든 것이 우리 사회의 부패의 뿌리가 되었고, 육의 만족을 채우다 병들은 모습이 이 세상의 모습입니다.

썩고 부패하며 죽음으로 달려가는 세상 가운데서 사는 길은 생명의 떡 되신 예수님을 믿는 것입니다. 진심으로 나의 영원한 생명을 위해 생명의 떡이 되어 자기 살도 내어 주신 예수님을 받아들이고 신뢰해야 합니다. 그 분의 말씀을 의지해야 합니다. 그리고 생명의 떡이신 예수님을 믿음으로 영원한 생명을 가지고 살아가야 합니다.

"살리는 것은 영이니 육은 무익하니라 내가 너희에게 이른 말은 영이요 생명이라"(요 6:63)

3. 생명의 떡인 예수님을 통해 우리는 주 안에 거하고 주는 우리 안에 거하십니다

우리가 주님의 살과 피를 먹을 때, 우리는 예수님 안에 거하고, 우리 안에 예수님이 거하십니다. 우리가 주님을 신뢰하고 믿고 나갈 때, 우리는 주님과 함께 하는 삶을 살게 됩니다.

오늘 본문 이후에 많은 사람들은 예수님의 말씀을 듣고도 떠났습니다(66절). 그러나 영생의 말씀이 주께 있음을 알고 예수님이 하나님의 거룩한 자이심을 믿는 자들은 주님을 따라 갔습니다(66~69절).

우리는 생명의 떡 되신 그 분이 필요하며, 그 분을 따라가야 합니다. 우리가 예수님 안에 거하고 그분이 우리 안에 거하시기 위해 우리는 생명의 떡 되신 예수님이 필요할 뿐 아니라, 예수님을 따라가야 합니다. 그리고 우리가 먼저 생명의 삶을 살고 그 생명을 전해야 합니다.

> "시몬 베드로가 대답하되 주여 영생의 말씀이 주께 있사오니 우리가 누구에게로 가오리이까 우리가 주는 하나님의 거룩하신 자이신 줄 믿고 알았사옵나이다"(요 6:68~69)

말씀 실천하기

1. 생명이 경시된 시대지만 하나님이 주신 생명을 소중히 여기며 살고 있습니까?
2. 영혼을 위해 생명의 떡 되신 주님과 그의 말씀을 묵상하는 시간을 가져 봅시다.

합심 기도하기

1. 주변의 메마른 영혼들이 생명의 떡 되신 주님을 신뢰하도록.
2. 물질 만능주의, 개인주의, 경쟁주의로 치닫는 이 사회가 주님의 희생적 사랑으로 새롭게 되기를.

02 생명의 빛 되시는 예수

본문 말씀 요 8:1~12, 요 9:5

이룰 목표
- 예수님은 세상의 빛으로 생명이심을 안다.
- 예수님을 따르는 삶을 살아가도록 결단한다.

말씀 살피기
- 죄를 지어 죽음에 처해 있는 여인을 예수님은 어떤 말씀으로 살리셨습니까?(7절)
- 우리가 어떻게 해야 어둠에 다니지 않고 생명의 빛을 얻을 수 있습니까?(12절)

소그룹 예배 인도 순서

사도신경 다 같이
찬송 502장(통 259)
기도 회원 중
본문 말씀 요 8:1~12, 요9:5
새길 말씀 요 9:5
헌금 찬송 428장(통 488)
헌금 기도 회원 중
주기도문 다 같이

말씀 나누기

만약 세상에 태양이 없다면, 어떻게 되겠습니까? 세상은 온통 어둠에 싸여 앞이 보이지 않습니다. 그러나 더 큰 일은 모든 식물이 광합성을 하지 못하여 죽게 되고, 땅은 황폐하여지고, 동물이 죽기 시작하여 지구의 생명체는 죽는다고 합니다. 우리 삶에 빛은 단순히 앞을 보여 주는 것만이 아니라 생명을 주는 근원이 됩니다.

그런데, 성경은 예수님과 우리 크리스천을 빛이라고 소개하며, 빛에 속한 자라고 말씀하고 있습니다. 왜 그럴까요? 요한복음에 나오는 예수님에 대한 두 번째 이야기, "나는 세상의 빛이다"라는 말씀을 가지고 같이 살펴보도록 하겠습니다.

1. 예수님은 어둔 세상 속에 한 줄기 빛이십니다(8:12, 9:5)

예수님은 자신이 세상의 빛이라 말씀하십니다(8:12, 9:5). 본분에 나오는 세상은 어떤 세상입니까? 이 세상은 대부분 부정적인 의미로, 어둠 속에 있는 세상입니다. 예수님은 세상에 계셨고, 세상이 그로 말미암아 지어졌으되 세상이 그를 알지 못하였다고 합니다(1:10).

빛이 세상에 왔으나 사람들은 자기가 행한 악 때문에 빛보다 어두움을 더 사랑했습니다(3:19). 죄악 된 세상이 하나님을 알지 못하였습니다(17:25). 사탄이 이 세상의 통치자이기 때문입니다(12:31, 14:30, 16:11). 이 세상은 사단의 영향력 아래에서 더욱 피폐하고 메마른 세상이 되어 가고 있습니다.

그러나 하나님의 사랑은 이 세상을 어둠에만 남겨 두지 않으셨습니다. 이런 어둠의 세상 속에 예수님을 빛으로 보내신 것입니다. 하나님께서 이 세상을 그냥 내버린 것이 아니라 우리를 너무도 사랑하여 독생자를 보내신 것입니다(3:16). 예수님은 어둔 세상의 빛으로 오셨습니다. 이 빛은 어둠 가운데 있는 우리에게 한 줄기 소망의 빛입니다.

> "하나님이 세상을 이처럼 사랑하사 독생자를 주셨으니 이는 그를 믿는 자마다 멸망하지 않고 영생을 얻게 하려 하심이라"(요 3:16)

2. 예수님의 빛은 생명의 빛입니다(8:12)

예수님은 어둔 세상의 한 줄기 소망의 빛으로 오셔서 이제 생명의 빛으로 우리를 이끕니다(8:12). 어둠 속에 있는 자들에게 생명의 빛으로 오셨습니다.

음행 중에 한 여자가 서기관과 바리새인들에게 잡혀 왔습니다. 그들은 정죄하며 돌로 쳐 죽여야 한다고 했습니다. 어둠의 세상은 정죄하고 죽이고자 합니다. 서로 물고 뜯고 살아야 한다고 세상은 가르칩니다.

그러나 예수님은 죄 없는 자가 돌로 치라 말씀하셨고, 결국 그 여자에게 새로운 삶의 기회를 다시 허락해 주셨습니다. 그녀에게 새로운 삶을 선포하시고 명하십니다. 다시는 죄를 범하지 말라, 나는 세상의 빛이니 나를 따르면, 어둠 가운데 살지 않고, 생명의 빛을 얻게 될 것이라고 말씀하십니다. 어둔 세상에 있던 그녀에게 예수님은 생명의 빛이 되었습니다. 예수님은 죽음에 있는 자들을 살리고자, 생명을 주고자 오셨습니다.

세상은 정죄하며 사람을 이기고 죽이는 일을 하지만, 예수님은 사람을 살리며 세우는 일을 하십니다. 우리는 어떤 일을 합니까? 어둔 세상의 일을 따라 정죄하며 죽이는 일을 합니까? 아니면, 생명의 빛 되신 주님을 따라 사람을 위로하며 격려하며 사랑하며 축복하고, 사람을 세우는 일들을 합니까? 우리는 생명의 빛 되신 주님을 바라보며 생명을 전하는 자녀입니다.

> "주께서 내 생명을 사망에서 건지셨음이라 주께서 나로 하나님 앞, 생명의 빛에 다니게 하시려고 실족하지 아니하게 하지 아니하셨나이까"(시편 56:13)

3. 생명의 빛으로 산다는 것은 예수님을 따르는 것입니다(12절)

생명의 빛으로 사는 것은 어떻게 사는 것입니까? 예수님이 주신 말씀과 삶을 따라가는 것입니다. 우리는 세상의 영향을 받고 살아갑니다. 그러나 빛이 오면 어둠은 사라지듯 우리가 주님을 따라 살아갈 때, 어둠은 물러갑니다.

생명의 빛 되신 주님이 이제 우리의 빛이 되어 주셨습니다. 그리고 우리도 세상의 빛이요 소금이라고 선포하십니다(마 5:13~14). 예수님을 따라가는 삶이 바로 빛이 된 인생입니다. 예수님이 제자들을 택하시면서 하신 말씀이 바로 "나를 따르라"입니다(1:43). 제자들은 말씀을 듣고 주님을 따르기 시작합니다. 그때부터 새로운 인생을 살아갑니다.

예수님이 돌아가신 후, 제자들은 실의에 빠져 있었습니다. 주님을 부인한 베드로에게 예수님은 나타나셔서 내 양을 먹이라(돌보라)고 세 번 말씀 하신 후에, 다시 하신 말씀이 바로 "나를 따르라"입니다. 어둔 세상을 비추는 빛 되신 예수님을 따라가며, 생명의 빛을 비추어야 합니다. 오늘도 주님을 따르며, 생명의 빛을 비추어 사람을 살리는 주의 종으로서의 삶을 살아야 합니다.

> "너희는 세상의 소금이니 소금이 만일 그 맛을 잃으면 무엇으로 짜게 하리요 후에는 아무 쓸 데 없어 다만 밖에 버려져 사람에게 밟힐 뿐이니라 너희는 세상의 빛이라 산 위에 있는 동네가 숨겨지지 못할 것이요"(마 5:13~14)

말씀 실천하기

1. 주님을 따르기 위한 말씀 묵상의 시간을 어떻게 갖고 있습니까?
2. 다른 사람을 생명의 빛으로 인도하기 위해 어떤 훈련을 하고 있습니까?

합심 기도하기

1. 우리 어둔 사회가 예수 그리스도의 빛으로 환하게 비치게 하소서.
2. 어둔 세상에 갇혀 사는 많은 사람들이 생명의 빛을 발견하고 돌아오게 하소서.

03 양의 문 되시는 예수

본문 말씀 요 10:1~9

이룰 목표
- 구원과 풍성한 삶의 유일한 통로이자 양의 문이신 예수님을 안다.
- 축복의 통로인 예수님을 따라 우리도 축복의 통로가 된다.

말씀 살피기
- 양의 문으로 들어가는 자와 문이 아닌 곳으로 들어가는 자는 누구입니까?(1절)
- 예수님을 통해 문으로 들어가면, 어떤 유익이 있습니까?(9절)

소그룹 예배 인도 순서

사도신경 다 같이
찬송 88장(통 88)
기도 회원 중
본문 말씀 요 10:1~9
새길 말씀 요 10:9
헌금 찬송 93장(통 93)
헌금 기도 회원 중
주기도문 다 같이

말씀 나누기

요한복음에서 예수님은 자신을 7가지로 표현해 주셨는데, 그 중 지난 2주 동안, 예수님이 생명의 떡으로, 세상의 빛으로 오셨음을 살펴보았습니다. 예수님의 세 번째 비유는 양의 문이며, 네 번째 비유는 선한 목자입니다. 같이 언급하는 이유는 이 두 비유가 한 이야기에서 나오기 때문입니다. 그래서 오늘과 다음 주에 걸쳐 요한복음 10장을 배경으로 두 비유를 살펴보겠습니다.

먼저, 오늘 배경은 목자와 양에 대한 이야기입니다. 한번 상상해 보겠습니다. 저 앞에는 푸른 초장이 있고, 그 옆에는 울타리를 만들어

양들이 그 우리에 들어갈 수 있도록 문이 있습니다.

그리고 목자는 양들의 이름을 부르며, 그 양들을 이끌며 푸른 초장으로 그리고 저녁에는 안전한 울타리 안으로 양들을 들여보냅니다. 문이 없는 울타리나 집을 우리는 상상할 수 없습니다. 문은 중요한 통로입니다.

그 중요한 통로, 울타리 안으로 들어갈 수 있는 통로가 바로 예수님 자신이라고 말씀하십니다.

1. 예수님은 양의 문이십니다(10:7, 9)

양이 누구입니까? 바로 우리 자신입니다. 우리가 주님의 울타리 안에 있을 때, 안전하고 보호 받는 것입니다. 양은 울타리 문을 통해 울타리 안으로 들어갈 수 있고 나올 수 있습니다.

그렇습니다. 이 문은 양을 위한 문입니다. 양들은 문이 없이는 울타리 안으로 들어갈 수 없습니다. 울타리로 들어가는 유일한 통로가 양들을 위한 문입니다. 예수님은 양들이 울타리 안으로 들어가는 유일한 통로임을 선포하고 있는 것입니다. 그 문을 통하지 않고는 안으로 들어갈 수 없다고 하십니다.

"하나님은 나의 견고한 요새시며 나를 안전한 곳으로 인도하시며"(삼하 22:33)

2. 양의 문이신 예수님은 구원의 통로입니다(9절)

예수님은 자신이 양의 문으로 구원의 통로임을 선포하십니다. 예수님은 "내가 문이니 누구든지 나로 말미암아 들어가면 구원을 받고" 라고 말씀하십니다(9절).

구원을 받는다는 것이 무엇입니까? 그 울타리 안에서 많은 사나운

동물들로부터 양들은 보호 받을 수 있다는 것입니다. 악한 세상으로부터 우리의 생명을 구해준다는 것입니다(10절). 이스라엘 목자들은 양들에게 좋은 꼴을 먹이기 위해 몇 개월씩 집을 떠나 있기도 합니다. 봄에 집을 나서면 가을에나 돌아오기도 합니다.

그렇게 오래 머무를 경우, 연합하여 들판에 돌담을 쌓고 양들을 보호할 '임시 공동 우리'를 만듭니다. 그리고 밤에는 목자들끼리 순번을 정하여서 문을 지키다가 아침이 되면 목자가 문으로 들어가 자기 양들을 불러내 나가서 꼴을 먹이고 저녁이 되면 돌아와서 이 '공동 우리' 속에 넣는 일을 반복하게 됩니다.

들과 광야에서 가장 안전한 곳이 바로 이 양 우리입니다. 악한 세상으로부터 우리를 구원해 줄 수 있는 그곳에 갈 수 있는 유일한 통로, 죽음에서 벗어나 구원의 문이 되신 분이 바로 예수님이십니다.

"내가 사망의 음침한 골짜기로 다닐지라도 해를 두려워하지 않을 것은 주께서 나와 함께 하심이라 주의 지팡이와 막대기가 나를 안위하시나이다"(시 23:4)

3. 양의 문이 되신 예수님을 통하여 꼴을 얻게 됩니다

예수님은 우리에게 축복의 통로로서의 역할을 합니다. 문을 통해 우리는 안전한 곳으로 들어갑니다. 또한, 주님의 양들은 충분한 쉼을 얻은 후에 문을 통과하여 푸른 초장으로 꼴을 얻으러 갑니다. 그 문을 통과하지 않는다면, 우리는 그 어떤 영적 은혜와 축복도 가질 수 없습니다.

우리는 예수님을 통해 죄 씻음 받았고, 예수님을 통해 담대히 하나님 앞에 나아갈 수 있게 되었고, 예수님을 통해 새로운 피조물로 거듭나게 되었으며, 예수 그리스도의 이름으로 우리의 모든 것을 구할 수 있게 되었습니다. 주님이 주신 놀라운 축복입니다. 예수님을 통해 우리의 삶이 날마다 새로운 구원 가운데 나아갑니다. 우리의 풍성한 삶과 축복을 위해 친히 양의 문이 되신 예수님께 감사하고 찬양하며, 우리도 주님과 같이 다른 영혼을 위해 축복의 통로가 되어야 합니다.

"내 이름으로 무엇이든지 내게 구하면 내가 행하리라"(요 14:14)

말씀 실천하기

1. 양의 문이신 예수님처럼 축복의 통로가 되길 소망하는 기도를 하고 있습니까?
2. 내가 축복의 통로로서 이번 주 가족과 이웃 3명에게 격려와 축복의 말을 하고 다음 시간에 함께 나눠 봅시다.

합심 기도하기

1. 양의 문 되신 예수님을 통해 하나님의 백성들이 날마다 새롭게 하옵소서.
2. 하나님의 백성들이 축복의 통로로 구원의 통로로 사용되게 하옵소서.

04 선한 목자이신 예수

본문 말씀 요 10:1~18

이룰 목표
- 목자 되신 예수님의 사랑이 어떤 것인지를 배운다.
- 선한 목자이신 예수님을 따라 희생과 섬김을 실천한다.

말씀 살피기
- 양은 누구의 음성을 듣고 따릅니까?(2~4절)
- 목자는 양들을 위해 무엇을 버립니까?(11절)

소그룹 예배 인도 순서

사도신경 다 같이
찬송 570장(통 453)
기도 회원 중
본문 말씀 요 10:1~18
새길 말씀 요 10:11
헌금 찬송 569장(통 442)
헌금 기도 회원 중
주기도문 다 같이

말씀 나누기

지난주에 이어 오늘은 선한 목자이신 예수님에 대하여 알아보겠습니다. 본문은 목자와 양에 대한 이야기입니다. 그런데, 선한 목자가 아닌 사람들이 등장합니다. 바로 절도자와 강도입니다(1절). 절도자와 강도는 문으로 들어가지 않습니다. 그들은 도둑질하고 죽이고 멸망시키려고 오는 것입니다(10절).

삯꾼도 나옵니다(12~13절). 삯꾼은 이리와 같은 사나운 동물이 나타나면 양을 버리고 도망가는 사람들입니다. 양들보다는 자신의 생명이 더 귀하다고 생각하고 도망갑니다. 양들보다 자신을 돌보는 것이 우선입니다. 이와 같은 사람들이 있었습니다. 바로 바리새인들이었습니다(9장).

그래서 비유로 예수님은 그들에게 말씀하셨지만, 그들은 깨닫지 못합니다(6절). 예수님은 그들과는 다른 분이셨습니다. 바로 선한 목자이십니다(11, 14절). 선한 목자이신 예수님은 어떻게 양들을 돌보십니까?

1. 선한 목자 예수님은 양들의 이름을 알고 있습니다(3~4절)

어떤 목자가 선한 목자입니까? 양들을 잘 아는 목자입니다(2절). 중동 지방에서 양을 치는 목자들은 양과 친하다고 합니다. 양들에게 각자의 이름을 붙여줄 정도입니다.

양들 하나하나의 특징을 모두 파악하고 있습니다. 양들의 장점과 단점도 다 알고 있을 정도입니다. 양들이 어디가 아픈지도 알고, 아프면 치료해 줍니다. 이동할 때 그들의 이름을 불러 모이게 합니다. 그 양들을 매일 불러 푸른 초장으로 인도합니다(3절). 그 양들을 너무나도 잘 알고 그들의 이름을 날마다 불러서, 이제는 양들도 목자가 자신의 이름을 부르는 것도 알고 따라 갑니다(4절).

선한 목자 되신 예수님은 오늘도 우리의 이름을 부르시고 우리의 모든 상황을 아십니다. 예수님은 개인적으로 우리와 친밀한 관계를 맺기를 원하시고 우리가 주님을 따라 살기를 원하십니다. 그럴 때, 우리는 풍성한 삶을 살게 되는 것입니다. 양과 목자와의 관계와 같이 우리도 주님과 친밀한 관계, 개인적인 관계를 맺도록 주님과 함께 하는 시간을 갖도록 해야 합니다.

> "야곱아 너를 창조하신 여호와께서 지금 말씀하시느니라 이스라엘아 너를 지으신 이가 말씀하시느니라 너는 두려워하지 말라 내가 너를 구속하였고 내가 너를 지명하여 불렀나니 너는 내 것이라"(사 43:1)

2. 선한목자 예수님은 양으로 생명을 얻게 하고 더 풍성히 얻게 합니다(10절)

도둑은 도둑질하고 죽이지만, 선한 목자 되신 예수님은 양들로 하여금 생명을 얻게 하고 더 풍성한 꼴을 가지도록 이끌어 줍니다. 선한 목자는 양들을 푸른 초장으로 이끌어 생명의 양식을 주며, 더욱 건강한 양으로 살도록 이끌어 줍니다. 목자는 앞서 가면서 양들을 부르며 그들을 이끌어 줍니다(4절).

예수님은 우리의 모든 형편과 상황을 아시기에 우리가 모든 것을 극복하고 승리의 삶을 살 수 있도록 영양이 풍성한 꼴을 우리에게 주십니다. 예수님이 바라시는 것, 그것은 우리가 영원한 생명을 소유하고 영적으로 충만하고 풍성한 삶을 살아가는 것입니다. 예수님이 우리를 인도하실 때, 주님을 따라가면 풍성한 삶을 누릴 수 있습니다.

"그가 우리에게 약속하신 것은 이것이니 곧 영원한 생명이니라"(요일 2:25)

3. 선한 목자는 양들을 위해 자신의 목숨까지도 버립니다(11절)

삯꾼은 자신의 위험이 닥치면 모든 양들을 내팽개치고 도망갑니다. 그러나 선한 목자는 다릅니다. 보통 팔레스타인의 목자들은 위험을 안고 살았으며 그들 중 어떤 이들은 자신의 일을 하다가 죽기도 했을 것입니다. 그렇지만 그들은 자신들의 목숨을 양보다 더 중요하게 생각했을 것입니다.

그러나 예수님은 다르셨습니다. 자신은 양들을 위해 목숨을 버릴 것이라 말씀하셨습니다(15절). 실제로 예수님은 십자가에 죽음으로 양들을 위한 새로운 길, 생명의 길을 열어 주셨습니다. 예수님은 우리를 위해 친히 십자가에 못 박히심으로 우리의 죄를 다 지시고 우리를 깨끗하게 하고, 우리에게 생명을 얻게 하셨습니다.

주님에게는 목숨을 버릴 권세도 다시 얻을 권세도 있었지만, 양들을 위해 죽음의 길을 선택한 것입니다(18절). 선한 목자 되신 예수님은 우리를 위해 기꺼이 생명을 주시고 우리를 생명의 길로 인도 하셨습니다. 나를 위해 자신의 목숨까지 버리신 주님을 바라보며, 우리도 희생과 섬김의 삶을 살아가야 합니다.

> "그가 우리를 위하여 목숨을 버리셨으니 우리가 이로써 사랑을 알고 우리도 형제들을 위하여 목숨을 버리는 것이 마땅하니라"(요일 3:16)

말씀 실천하기

1. 내 이름을 아시고 부르시는 예수님과 친밀한 관계를 가지기 위해 이번 주 주님과 함께 대화하는 기도시간을 가졌습니까?
2. 자신의 목숨까지도 주신 선한 목자 되신 예수님처럼 나를 희생하여 다른 사람을 섬길 수 있는 일, 세 가지를 기록하고 실천합시다.

합심 기도하기

1. 선한 목자 되신 주님처럼 서로 희생하며 섬기는 삶을 살게 하소서.
2. 삯꾼과 같은 리더가 아니라, 예수님을 닮은 선하고 희생하는 선한 리더가 되게 하옵소서.

05 부활과 생명 되신 예수

본문 말씀 요 11:17~27

이룰 목표
- 죽음을 이기시고 부활하신 예수님을 바라본다.
- 죽음의 공포에서 부활의 소망을 주시는 주님을 의지한다.

말씀 살피기
- 마르다는 언제 나사로가 살아날 것이라 믿고 있었습니까?(24절)
- 나사로의 죽음 앞에서 예수님은 자신을 무엇이라 말씀하셨습니까?(25절)

소그룹 예배 인도 순서

사도신경 다 같이
찬송 91장(통 91)
기도 회원 중
본문 말씀 요 11:17~27
새길 말씀 요 11:25
헌금 찬송 171장
헌금 기도 회원 중
주기도문 다 같이

말씀 나누기

예수님은 '생명의 떡, 세상의 빛, 양의 문, 선한 목자'이십니다. 이제 5번째로 우리에게 영원한 생명을 주시고 풍성한 삶을 주시기 위해 예수님은 자신을 "부활이요 생명이다"라고 말씀하셨습니다. 예수님은 이 말씀을 죽은 나사로의 동생 마르다에게 하셨습니다.

실의에 빠진 가족들에게 참 소망과 기쁨을 주는 소식, 그 부활의 소식을 주님은 전하였던 것입니다. 새 소망을 주신 부활이요 생명이신 예수님에 대해 살펴보겠습니다.

1. 예수님은 부활이요 생명입니다(25절)

부활과 생명은 죽음을 전제로 합니다. 죽음 가운데 부활이 있으며, 살아나는 생명의 역사가 있습니다. 마르다와 마리아는 오빠의 죽음을 슬퍼하고 있었습니다.

그들은 사람을 보내어 오빠의 위중함을 알립니다. 그러나 예수님은 오히려 죽을병이 아니라 말씀하시고, 이틀을 더 유하십니다(6절). 결국 나사로는 죽게 되었습니다. 그러나 예수님은 그를 깨우러 간다고 말씀하십니다. 나사로의 무덤에 갔을 때는 이미 나흘이 지난 때였습니다.

그렇습니다. 죽음이 있어야 부활이 있으며, 생명이 중요한 것입니다. 죽음의 공포와 두려움에서 부활과 생명임을 선포한 예수님은 참 소망이 되어 주신 것입니다. 죽음의 두려움이 있습니까? 부활과 생명이신 주님을 의지해야 합니다.

> "우리 주 예수 그리스도의 아버지 하나님을 찬송하리로다 그의 많으신 긍휼대로 예수 그리스도를 죽은 자 가운데서 부활하게 하심으로 말미암아 우리를 거듭나게 하사 산 소망이 있게 하시며"(벧전 1:3)

2. 예수님은 나사로를 살리심으로 참된 기쁨을 허락하셨습니다

죽음을 지켜 본 마르다와 마리아는 예수님의 부활의 말씀을 믿을 수가 없었습니다. 마르다는 예수님이 오시는 소식에 마중까지 나가서 말하기를 주님이 계셨더라면 죽지 아니하였을 것이라고 이야기 합니다. 또한, 다시 살아날 것을 말씀 하신 주님께 마르다는 마지막 날에나 부활할 것이라 잘못 이해하였습니다(24절).

이때 하신 말씀이 바로 "나는 부활이요 생명이니"라는 말씀입니다. 부활과 생명의 주체인 예수님은 슬픔을 주체하지 못하는 마리아를 불쌍히 보시며, 함께 슬퍼 하셨습니다(35절).

그리고 주님은 나사로를 무덤에서 나오라 선포하시고, 나사로를 살리십니다. 예수님께서 행하신 나사로의 부활의 사건을 통해 예수님 자신이 참된 부활과 생명의 주관자이심을 말씀해 주셨습니다.

예수님은 죽음의 슬픔에 처해 있는 자들에게 부활의 소망을 통해 진정한 위로와 기쁨을 주십니다.

"또 빨리 가서 그의 제자들에게 이르되 그가 죽은 자 가운데서 살아나셨고 너희보다 먼저 갈릴리로 가시나니 거기서 너희가 뵈오리라 하라 보라 내가 너희에게 일렀느니라 하거늘"(마 28:7)

3. 부활과 생명이신 예수님은 우리가 믿어야 할 분이십니다(45절)

나사로를 죽음에서 살리신 사건을 통해 예수님은 자신이 부활이요 생명이심을 보여 주셨습니다. 이를 통해 많은 유대인이 예수를 믿기 시작했습니다(12:11). 예수님은 자신이 부활이며 생명이라는 사실을 통해 죽음에서 다시 살아나는 새 생명의 근원이 자신이심을 나타내고 있는 것입니다.

부활이요 생명이신 주님을 믿을 때, 우리는 죽어도 사는 역사, 살아서 믿는 자는 영원히 죽지 않는 영원한 생명을 소유하게 되는 것입니다(25~26절).

죄로 죽은 우리를 살리신 예수님만이 부활과 생명이심을 믿으며, 죽음의 공포와 슬픔에서 벗어나 주님의 부활의 소망과 영원한 생명의 삶을 살아가야 합니다.

"나사로 때문에 많은 유대인이 가서 예수를 믿음이러라"(요 12:11)

말씀 실천하기

1. 삶의 어려움과 환란을 당한 사람을 보면 어떻게 위로하며 격려합니까?
2. 부활이요 생명이신 예수님을 바라보며, 예수님을 소개 한 경험이 있습니까?

합심 기도하기

1. 아픔과 슬픔에 잠긴 사람들이 부활과 생명의 주님을 알게 하옵소서.
2. 우리 가정과 직장, 사회가 예수 그리스도를 통해 새롭게 하옵소서.

06 길과 진리와 생명 되신 예수

본문 말씀 요 14:1~18

이룰 목표
- 길이요 진리요 생명이신 예수님을 신뢰한다.
- 예수님이 보내신 진리의 영 되신 성령님의 도우심을 기억한다.

말씀 살피기
- 제자들은 왜 근심하고 있었습니까?(13:36)
- 도마는 왜 자신들이 가야 할 길을 모른다고 했습니까?(5절)

소그룹 예배 인도 순서
사도신경 다 같이
찬송 288장(통 204)
기도 회원 중
본문 말씀 요 14:1~18
새길 말씀 요 14:6
헌금 찬송 521장(통 253)
헌금 기도 회원 중
주기도문 다 같이

말씀 나누기

오늘은 여섯 번째로 요한복음에 나타난 길이요 진리요 생명이신 예수님에 대하여 살펴보도록 하겠습니다.

갑자기 따르고 믿고 신뢰하던 사람이 나를 떠난다면, 여러분의 마음은 어떻겠습니까? 어떻게 살아야할지, 혹은 어떻게 이 세상을 헤쳐나갈지 등 많은 근심으로 슬퍼할 것입니다. 이러한 질문에 예수님은 "근심하지 말라 하나님을 믿으니 또 나를 믿으라" 고 말씀하셨습니다(1절). 그 이유는 예수님이 길이요 진리요 생명이시기 때문입니다.

1. 예수님은 길이요 진리요 생명이십니다(6절)

열두 제자들이 의지했던 예수님이 이제 그들을 떠난다고 합니다. 그들이 근심하고 있던 날이 바로 예수님이 십자가에 돌아가시기 바로 전날이었습니다(1절). 예수님은 그들의 발을 씻기고 이제 그들과 마지막 만찬을 가지십니다(13장). 주님이 떠나신다고 말씀하시자 베드로는 목숨도 버리고 주를 따르겠다고 합니다.

하지만, 오히려 주님은 3번 부인할 것이라 말씀하십니다(13:38). 주님은 먼저 가서 살 곳을 예비하고 제자들을 부르실 것이라고 말씀하셨지만(3절), 도마는 주께서 어디로 가는지 그 길을 어떻게 가는지 알지 못한다고 합니다(5절). 이때 삶의 진정한 길이요 진리이며 생명이신 예수님 자신을 알려 주십니다.

그렇습니다. 우리가 어디로 갈지 알지 못할 때, 예수님이 바로 우리가 가야할 길이요 진리요 생명이라 선포하십니다.

"주의 말씀은 내 발에 등이요 내 길에 빛이니이다"(시 119:105)

2. 예수님만이 아버지께로 가는 유일한 길이요 진리요 생명입니다

예수님은 왜 자신을 길이요 진리요 생명이라 말씀하셨습니까? 바로 하나님께로 가는 유일한 길이요 진리요 생명이기 때문입니다. 예수님은 자신이 아니고서는 하나님 아버지께로 갈 수 없다고 말씀하십니다(6절). 오늘 본문 14장 6절을 좀 더 정확하게 번역한다면, '그 길, 그 진리, 그 생명'이라는 것입니다.

원어에서 정관사 '그'라는 단어가 있습니다. 예수님만이 하나님께로 가는 '그' 길입니다. 다른 많은 길이 있는 것이 아니라 예수님 자신만이 길인 것입니다. 마찬가지로 하나님께로 가는 유일한 진리이며, 유일한 생명입니다. 우리가 예수님만이 우리 삶 속에서 유일한 구세주이며 유일한 주님으로 믿는 이유가 여기에 있습니다.

우리는 그 주님의 길을 통해 하나님 앞으로 갈 수 있습니다.

"아버지께서 아들에게 주신 모든 사람에게 영생을 주게 하시려고 만민을 다스리는 권세를 아들에게 주셨음이로소이다"(요 17:2)

3. 길이요 진리요 생명이신 예수님은 진리의 영, 보혜사를 우리에게 보내셨습니다

길이요 진리 되신 예수님은 우리를 고아와 같이 버려두지 않으십니다(18절). 제자들이 의지했던 예수님이 떠날 때, 그들이 두려워하지 않도록 예수님은 보혜사 성령님을 보내신다고 약속하셨습니다. 그 보혜사 성령님은 모든 것을 가르치고 주님이 말한 모든 것을 생각나게 하실 것이라 하셨습니다.

예수님은 제자들에게 오히려 자신이 하나님께로 가는 것이 더 기뻐할 일이라 말씀하십니다(28절). 예수님을 믿는 자는 예수님보다 더 큰 일도 할 수 있다고 제자들을 격려하십니다(12절).

길이요 진리요 생명이신 예수님은 세상 가운데 살아가는 우리의 근심을 아시고, 함께 하시며, 성령을 보내시고, 주님이 하신 일보다 더 큰 일들을 바라보게 하십니다.

유일한 길이 되시고, 진리가 되시며, 생명 되시는 주님을 통해 진리의 영 되신 성령의 역사를 이루어야 합니다. 예수님이 보내신 성령의 인도하심과 주님의 약속을 붙들고 주님의 귀한 사역을 성실히 감당해야 합니다.

"그러나 내가 너희에게 실상을 말하노니 내가 떠나가는 것이 너희에게 유익이라 내가 떠나가지 아니하면 보혜사가 너희에게로 오시지 아니할 것이

요 가면 내가 그를 너희에게로 보내리니"(요 16:7)

말씀 실천하기

1. 근심과 두려움이 밀려올 때 어떻게 합니까?
2. 마음이 힘들고 외로워하는 자들을 위해 기도하며 함께하는 시간을 갖습니까?

합심 기도하기

1. 주님을 믿는 자로서 주님보다 더 큰 일들도 감당하는 교회가 되게 하소서.
2. 우리를 격려하시고 도와주는 보혜사 성령님을 의지하는 성령충만한 교회 되게 하소서.

07 참 포도나무 되시는 예수

본문 말씀 요 15:1~17

이룰 목표
- 참 포도나무인 예수님을 안다.
- 참 포도나무인 예수님을 통해 열매 맺는 삶이되길 결단한다.

말씀 살피기
- 농부, 포도나무, 가지는 누구입니까?(1, 5절)
- 이 비유의 말씀을 하시는 이유는 무엇입니까?(11절)

소그룹 예배 인도 순서

사도신경 다 같이
찬송 86장(통 86)
기도 회원 중
본문 말씀 요 15:1~17
새길 말씀 요 15:5
헌금 찬송 90장(통 98)
헌금 기도 회원 중
주기도문 다 같이

말씀 나누기

요한복음에서는 예수님이 자신을 7가지 비유로 말씀해 주었습니다. (①생명의 떡, ②세상의 빛, ③양의 문, ④선한 목자, ⑤부활이요 생명, ⑥길이요 진리요 생명 ⑦참 포도나무). 본 과에서는 예수님이 참 포도나무라고 말씀하신 의미를 살펴보도록 하겠습니다.

예수님은 십자가에 돌아가시기 전날, 제자들과 저녁 만찬을 합니다. 그러나 떠나실 거라는 예수님의 말씀에 제자들은 근심합니다. 예수님은 근심하는 제자들을 위로하고 격려 하십니다. 제자들을 위해 집도 예비하고, 그 곳으로 오는 길, 진리, 생명을 말씀하시며, 주님을 통해 아버지께로 올 수 있음을 말씀하셨습니다. 그 격려와 위로 속에 예수님은 자신을 참 포도나무 로 비유하셨습니다.

1. 예수님은 참 포도나무입니다(1, 5절)

포도나무는 구약에서 이스라엘(택한 백성)을 가리키는 비유로 사용되었으나, 불순종하는 이스라엘을 나타내기도 하였습니다(겔 15:1~8, 19:10~14; 시 80:8~15). 참 포도나무 비유는 예수님이 하나님께 전적으로 순종한 참 이스라엘 사람임을 나타냅니다.

근심과 걱정에 매여 있는 제자들에게 예수님은 자신을 농부인 하나님께서 가장 인정하시고 확실한 중보자라는 사실을 알려 줍니다. 또한, 예수님은 그들이 이미 깨끗하여졌다고 확신시켜주십니다(3절). 예수님은 우리가 붙어 있어야 할 참 포도나무가 되어 주신 것입니다. 농부인 하나님, 그리고 참 포도나무인 예수님, 그리고 제자들은 바로 포도나무의 가지임을 말씀해 주셨습니다.

"오직 너희의 하나님 여호와께 붙어 떠나지 않은 너희는 오늘까지 다 생존하였느니라"(신 4:4)

2. 제자인 가지는 참 포도나무에 붙어 있어야만 열매를 맺을 수 있습니다(5절)

모든 것을 관리하시는 하나님은 열매 없는 가지를 잘라내십니다. 그렇지만, 이미 깨끗하여 참 포도나무에게 붙어있는 가지라면, 안전하다고 말씀하십니다(3~4절). 주님은 제자들이 주님을 떠나서는 아무것도 할 수 없음을 아시고 주님 안에 거할 것과 주님 또한 그들 안에 거하시겠다고 말씀하십니다.

예수님은 제자들에게 제하여 버림받는 두려움을 주고자 하는 것이 아니었습니다. 오히려 주님은 제자들에게 너희가 나를 택한 것이 아니라 주님이 선택하여 세웠고 너희로 열매를 맺게 하고 그 열매가 항상 있게 하여 주님의 이름으로 아버지께 무엇을 구하든지 다 받게 하려 한다고 말씀하셨습니다(16절).

이 모든 것을 말씀하신 이유는 주님의 기쁨이 제자들 가운데 있어 그 기쁨이 충만하길 원하셨기 때문입니다(11절). 예수님은 제자들에게 지금까지 나와 함께 지내왔던 것 같이 함께 지내며, 내게 붙어 있으라는 말씀입니다. 제자들에게 예수님께만 붙어 있으면 열매 맺는 삶을 살 수 있다고 말씀하신 것입니다.

주님과 함께 생활 한다면, 안전하고 평안하고 열매 맺는 삶을 살 수 있기에 근심하지 말라고 말씀하신 것입니다. 가장 안전하고 열매 맺는 참 포도나무인 주님 안에서 살아가시기를 바랍니다.

"내가 항상 주와 함께 하니 주께서 내 오른손을 붙드셨나이다"(시 73:23)

3. 참 포도나무인 예수님은 우리를 친구로 부르십니다(15절)

예수님은 근심에 쌓인 제자들에게 이제 더 이상 종이라 하지 않고 친구라 말씀하십니다. 그들이 주 안에 거하고, 주가 그들 안에 거할 때 가장 친밀한 관계가 된다고 말씀하십니다.

주님은 이 친밀한 관계를 바로 친구로 표현해 주었습니다. 언제나 함께 나눌 수 있는 친구, 그리고 이제 자기 목숨을 버릴 수 있는 친구로 있겠다고 말씀해 주셨습니다(13절). 제자들에게는 이보다 더 큰 위로와 격려가 없었을 것입니다. 세상 속에서 의지할 수 없는 이곳에서 주님이 친구가 되어 주신다는 것입니다.

예수님은 목숨을 내 주는 사랑의 친구가 되어 주셨습니다. 예수님은 자신처럼 제자들도 서로 사랑하며, 서로에게 힘이 되어줄 것을 당부하십니다. 그렇습니다. 우리도 예수님처럼 많은 사람들에게 사랑의 친구가 되어 주고, 그들을 제자 삼고, 그들을 주님께로 이끌어야 합니다. 성령의 열매들과 주님의 제자를 삼는 아름다운 열매들을 많이 맺는 주의 자녀 되어야 합니다.

"내가 너희에게 분부한 모든 것을 가르쳐 지키게 하라 볼지어다 내가 세상 끝날까지 너희와 항상 함께 있으리라 하시니라"(마 28:20)

말씀 실천하기

1. 제자 삼을 이웃에게 사랑의 친구로서 그를 위해 기도하고 마음을 담은 작은 선물을 나눕시다.
2. 주님과 친밀한 관계를 위해 조용한 말씀묵상, 대화의 시간을 갖습니까?

합심 기도하기

1. 믿음의 백성들이 주님께 붙어 있어 안전하며 성령의 아름다운 열매를 많이 맺을 수 있게 하소서.
2. 사랑의 친구가 되어 주신 예수님처럼 사랑의 친구가 되어 많은 사람을 주님께로 이끄는 사랑의 전도자 되게 하소서.

인자가 온 것은 섬김을 받으려 함이 아니라

도리어 섬기려 하고 자기 목숨을 많은 사람의

대속물로 주려 함이니라(마가복음 10:45)

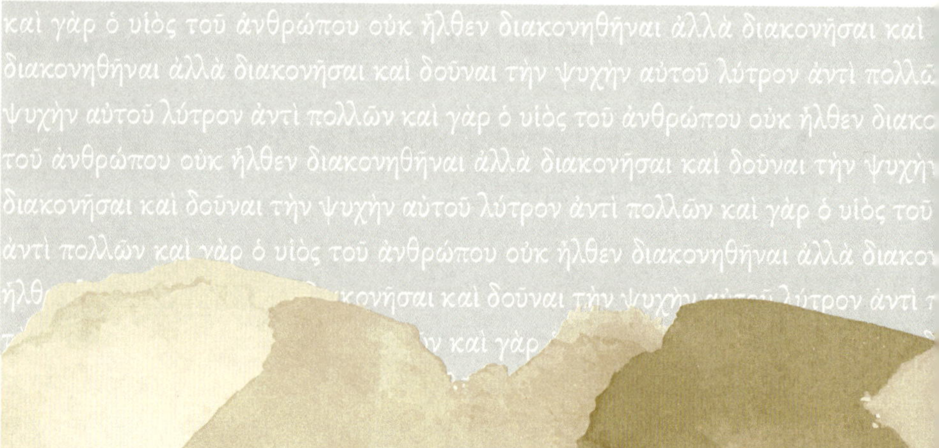

절기

PART 8

01 예수 다시 사셨네

본문 말씀 마 28:1~10

이룰 목표
- 내세의 증거인 부활을 통해 하늘나라에 소망을 두고 산다.
- 부활의 신앙으로 세상을 이길 담대한 믿음을 갖는다.

말씀 살피기
- 안식 후 첫날 여인들이 찾아간 곳은 어디입니까?(1절)
- 여인들이 확인한 것은 무엇입니까?(2~10절)

소그룹 예배 인도 순서

사도신경 다 같이
찬송 165장(통 155)
기도 회원 중
본문 말씀 마 28:1~10
새길 말씀 마 28:6~7
헌금 찬송 161장(통 159)
헌금 기도 회원 중
주기도문 다 같이

말씀 나누기

초대교회 성도들은 주일 아침이 되면 즐거운 낯빛으로 인사하는 말이 "예수 다시 사셨네!"라는 것이었습니다. 그때 성도들은 예수님께서 무덤에서 부활하신 날을 주님의 날로 지키며 예배를 드렸습니다. 그날이 곧 우리들이 매주 예배드리는 주일입니다.

운동경기 가운데 가장 통쾌할 때는 역전할 때입니다. 예수님의 부활이 곧 역전의 승리였습니다. 예수님을 죽여 무덤에 장사지낸 후 돌로 막아 인봉하고, 무장한 군인들이 지키도록 했습니다. 그들은 승리를 자축했을 것입니다. 누가 보아도 예수님은 실패자요, 그들은 승리

자였습니다. 그러나 하나님 편에서는 아직 끝나지 않은 상황이었습니다. 예수님을 다시 살아나게 하심으로 단번에 승리로 바꾸셨습니다. 이것이 하나님의 능력입니다. 부활하신 예수 그리스도, 무덤에서 다시 살아나신 예수 그리스도! 이분이 인류의 구세주이십니다.

다시 사신 부활의 예수님이 현대를 살아가는 우리들에게 어떤 의미가 있는지 살펴보겠습니까?

1. 예수님의 부활은 하나님이 살아계신 증거입니다

성경은 그 어디에도 하나님이 살아계심을 설명하지 않습니다. 성경 첫 장 첫 절인 창세기 1장 1절에 "태초에 하나님이 천지를 창조하시니라"고 장엄하게 선언할 뿐입니다. 이를 부인하는 사람에게는 "어리석은 자는 그의 마음에 이르기를 하나님이 없다 하는도다"(시 14:1)라고 하셨습니다.

하나님께서 살아계신 가장 명확한 증거는 예수 그리스도의 부활입니다. 이 땅위의 모든 종교가 주장하는 교리 가운데 유사한 점이 있습니다. 윤리를 강조하는 것, 선한 일에는 상이 있고, 악한 일에는 벌이 임한다는 것, 내세를 말하는 것, 정성을 다할 때 바라는 소망이 성취된다는 것 등입니다.

그러나 어느 종교에서도 찾아볼 수 없는 기독교만의 특징이 있습니다. 그것은 무덤에서 다시 살아나신 부활입니다. 빈 무덤입니다. 만일 무덤에서 다시 나신 예수님의 부활이 없다면 기독교는 다른 종교와 다를 바가 없습니다. 윤리 도덕을 말한다면 유교로 족합니다. 병 낫는 것을 기독교의 특색으로 여기는 경우도 있는데 그렇지 않습니다. 인간의 의술로도 병을 고칩니다.

그러므로 기독교에서 말하는 신유가 기독교만의 특징일 수는 없습니다. 하나님께서 약속하신 축복 가운데 물질의 부요함도 있습니다만 그

것이 기독교의 전부는 아닙니다. 타종교는 그들 교주의 웅장한 무덤을 자랑하지만 기독교의 자랑은 빈 무덤입니다. 예수께서 죽음의 권세를 이기시고 다시 살아나셨기 때문입니다. 창세 이후로 지금까지 죽음을 이긴 사람은 아무도 없습니다. 오직 예수님만이 사망의 권세를 이기시고 무덤에서 다시 살아 나셨습니다. 죽음은 모두가 무서워하며 싫어하는 인간 최대의 난제입니다. 이 난제를 해결하신 분이 예수님이십니다. 무덤에서 부활하셔서 승천하시므로 유일한 구주이심을 증명하셨습니다.

"내가 곧 길이요 진리요 생명이니 나로 말미암지 않고는 아버지께로 올 자가 없느니라"(요 14:6)

2. 예수님의 부활은 내세(來世)가 있다는 증거입니다

무덤에서 부활하신 예수님은 세상에 40일간 더 계시다가 500여 제자들이 지켜보는 가운데 하늘나라로 올라 가셨습니다. 승천하신 예수님이 가신 곳은 결국 우리가 가야 할 곳이며 우리가 살고 있는 이 세상은 하늘나라의 삶을 준비하는 과정인 것입니다. 우리는 모두 어머니의 복중(腹中)에서 10개월을 살았습니다. 그곳은 사지백체(四肢百體)를 준비하는 기간이었습니다. 이와 같이 세상에서의 삶은 하늘나라를 위해 준비하는 과정입니다.

고린도전서 15장 51~53절 말씀에 "보라 내가 너희에게 비밀을 말하노니 우리가 다 잠잘 것이 아니요 마지막 나팔에 순식간에 홀연히 다 변화되리니 나팔 소리가 나매 죽은 자들이 썩지 아니할 것으로 다시 살아나고 우리도 변화하리라 이 썩을 것이 반드시 썩지 아니할 것을 입겠고 이 죽을 것이 죽지 아니함을 입으리로다"고 하셨습니다.

땅에서의 삶이 전부가 아님을 밝히신 말씀입니다. 그러므로 예수님을 믿고 전해야 합니다. 전하는 자가 있어야 듣게 되고, 들어야 믿게 되고, 믿어야 구원을 받게 되는 것입니다. 그러므로 힘써 예수님의 십자가와 부활의 복음을 전해야 하는 것입니다. 이것은 복을 받거나 못 받는 차원의 것이 아닙니다. 죽느냐 사느냐하는 생명의 문제입니다. 죽은 후에는 기회가 없습니다. 그러므로 복음을 전하는데 힘써야 합니다.

때를 얻든지 못 얻든지 생명의 복음을 전해야 합니다.

> "누구든지 주의 이름을 부르는 자는 구원을 받으리라 그런즉 그들이 믿지 아니하는 이를 어찌 부르리요 듣지도 못한 이를 어찌 믿으리요 전파하는 자가 없이 어찌 들으리요 보내심을 받지 아니하였으면 어찌 전파하리요 기록된 바 아름답도다 좋은 소식을 전하는 자들의 발이여 함과 같으니라"(롬 10:13~15)

3. 예수님의 부활은 세상 고난을 이기신 증거입니다

누구든지 예수님을 믿으면 하나님의 자녀가 됩니다. 하나님의 자녀에게는 보호하심이 있습니다. 죽음을 이기게 하신 하나님의 능력이 함께 하시는 것입니다. 그러므로 무덤에서 부활하신 예수님은 요한복음 16장 33절에 말씀하시기를 "세상에서는 너희가 환난을 당하나 담대하라 내가 세상을 이기었노라" 하셨습니다.

마태복음 28장 20절에도 "볼지어다 내가 세상 끝 날까지 너희와 항상 함께 있으리라"하셨습니다. 아무에게나 주님이 세상 끝 날까지 항상 함께 하시는 것이 아닙니다.

전제 조건이 있습니다. "너희는 가서 모든 민족을 제자로 삼아 아버지와 아들과 성령의 이름으로 세례를 베풀고 내가 너희에게 분부한 모든 것을 가르쳐 지키게 하라 볼지어다 내가 세상 끝 날까지 너희와 항상 함께 있으리라"(마 28:19~20)하셨습니다. 영혼구원을 위해 복음을 전하는 것이 함께하시는 전제 조건임을 알 수 있습니다.

부활하신 주님을 믿고 부활의 소식을 전하며 살아가는 사람에게는 세상을 이기는 힘이 공급됩니다. 그러므로 하나님을 의지하는 사람은 실패한 사람 같으나 실패하지 않습니다. 망할 것 같으나 망하지 않습니다. 사망권세 이기시고 부활하신 주님께서 나를 도우실 때 감당하지 못할 일이 어디 있으며, 감당 못할 역경이 어디 있겠습니까? 부활하신 예수 그리스도를 믿는 사람에게는 어떠한 경우에라도 소망이 있습니다. 절대 절망의 상황에서도 절대 소망을 가질 수 있습니다.

> "우리가 사방으로 우겨 쌈을 당하여도 싸이지 아니하며 답답한 일을 당하여도 낙심하지 아니하며 박해를 받아도 버린바 되지 아니하며 거꾸러뜨림을 당하여도 망하지 아니하고"(고후 4:8~9)

말씀 실천하기

1. 파도처럼 밀려오는 세상 역경을 어떻게 대처하시겠습니까?
2. 부활하신 예수님을 누구에게 전할지 구체적으로 계획을 세워봅시다.

합심 기도하기

1. 고난이 닥친다 할지라도 예수님을 의지하는 믿음으로 이기게 하옵소서.
2. 하늘나라를 모르는 사람들에게 담대하게 나아가 복음을 전하게 하옵소서.

02 맥추감사절 왜 지켜야 하나?

본문 말씀 출 23:14~16

이룰 목표
- 하나님이 기뻐하는 맥추감사절을 지키는 성도가 된다.
- 맥추절의 의미를 바르게 아는 성도가 된다.

말씀 살피기
- 맥추절과 매년 세 번 지켜야 하는 절기는 어떤 연관성이 있습니까?(출 23:14~16)
- 맥추절에 드리는 예물은 어떤 것들이었습니까?(레 23:15~20)

소그룹 예배 인도 순서

사도신경 다 같이
찬송 591장(통 310)
기도 회원 중
본문 말씀 출 23:14~16
새길 말씀 레 23:15~16
헌금 찬송 211장(통 346)
헌금 기도 회원 중
주기도문 다 같이

말씀 나누기

금주는 맥추감사절로 지키는 주일입니다. 혹자들 중에는 오늘날 우리들이 왜? 구약시대의 절기를 지켜야 하느냐? 반문하는 자들도 있습니다. 하지만 하나님께서 명하신 절기들은 구약시대의 이스라엘 뿐 아니라 현대를 살아가는 그리스도인에게도 깊은 의미가 있습니다. 그 의미를 알면 맥추감사절을 지키는 것이 성도의 도리임을 깨닫게 됩니다. 본문에 "매년 세 번 절기를 지키라"고 하셨는데, 그 중 맥추절은 교회의 탄생과 깊은 연관이 있습니다. 또한 이 3대 절기는 서로 의미적 연관성을 가지고 있습니다. 따라서 현대 크리스천들이 맥추절에 대한 의미를 보다 정확히 알고 지키기 위해서, 맥추절을 중심으로 유월절(무교절)과 수장절과의 관련한 말씀을 살펴보면서 맥추감사를 왜 지켜야 하는지 살펴보겠습니다.

1. 지난날에 대한 감사입니다

본문 15절에 보면 무교병의 절기를 지키라고 하심을 볼 수 있습니다. 무교절은 발효되지 않은 떡을 먹으며 지난날 고난 가운데 구원해 주신 하나님께 감사하라는 뜻입니다.

이스라엘 백성은 애굽에서 400년이나 노예로 살면서 온갖 고통을 겪었습니다. 하나님은 모세를 보내 이스라엘 백성을 해방시키라고 명령했으며 이 과정에서 하나님은 열 가지 재앙을 애굽에 내렸습니다. 열 번째 재앙을 내릴 당시 하나님은 이스라엘 백성에게는 어린양을 잡아서 그 피를 문설주에 바르라고 했습니다. 그날 밤 애굽인들의 장자는 모두 죽었습니다.

결국 바로왕은 이스라엘 백성을 애굽에서 내어보냈습니다. 하나님의 은혜로 해방된 이스라엘 백성이 지난날 고통과 시련을 잊지 않게 하기 위해 유월절과 무교절을 지키게 하셨습니다. 이렇게 하나님의 은혜로 해방된 이스라엘 백성이 가나안 땅에 들어가 그 땅에서 처음 추수한 곡식으로 감사절을 지킨 것이 맥추절입니다.

> "너는 무교병의 절기를 지키라 내가 네게 명령한 대로 아빕월의 정한 때에 이레 동안 무교병을 먹을지니 이는 그 달에 네가 애굽에서 나왔음이라 빈 손으로 내 앞에 나오지 말지니라"(출 23:15)

2. 오늘의 축복에 대한 감사입니다

천신만고 끝에 애굽에서 해방된 이스라엘은 가나안 땅으로 들어가기까지 무려 40년이나 광야에서 헤매어야 했습니다. 드디어 극한 고난의 세월을 지나 하나님이 주신 젖과 꿀이 흐르는 가나안땅에 도착하게 되었습니다. 이제 노예였던 이스라엘은 자유인이 되었습니다. 하나님이 주신 가나안 땅에서는 내 집과 내 땅도 갖게 되었습니다. 내가 노력해서 얻는 모든 것은 다 내 것이 되는 축복을 받게 되었습니다. 하나님의 은혜로 종에서 자유인이 되었고, 하나님이 주신 땅에 내가 좋아하는 곡식과 과실을 심어 가족과 함께 살 수 있게 되었는데 이 은혜를 기억해야 합니다.

이스라엘 백성이 가나안 땅에 도착하여 첫 번째 농사를 지었습니다. 씨앗을 뿌리고 과실을 심고 가꾸었습니다. 그리고 제일 첫 번째로 보리와 밀의 결실을 맺었습니다. 그들은 감격의 눈물을 흘리며 하나님께 감사를 드렸습니다. 이런 감사도 시간이 가면 잊는 것이 사람입니다. 그래서 하나님은 매년 그 감사와 감격을 잊지 않게 하기 위해 해마다 보리와 밀을 추수하는 시기에 감사하는 삶을 살라고 맥(麥보리맥)추(秋거둘추)감사절을 제정하여 주셨습니다. 이는 오늘날 우리들도 동일하게 지켜야할 규례입니다. 우리 역시 전적으로 하나님의 은혜로 살고 있기 때문입니다.

> "맥추절을 지키라 이는 네가 수고하여 밭에서 뿌린 것의 첫 열매를 거둠이니라"(출 23:16)

3. 미래의 축복을 위한 감사입니다

본문 16절에서 하나님은 맥추절에 이어서 수장절을 지키라고 하셨습니다. 수장절은 다른 말로 추수감사절입니다. 한해 절반을 축복하신 하나님께 감사하는 마음과 하반기 모든 것을 거두어 저장하는 수장절까지 더 많은 축복과 은혜를 기원하는 마음으로 드리는 것이 맥추감사제입니다. 따라서 본문에서 말하는 3대 절기 모두는 한 해 동안 하나님의 은혜와 축복하심에 대한 감사를 잊지 말라는 뜻에서 주신 절기입니다. 이 3대 절기 중 맥추감사절은 특별히 세 가지로 불려질 만큼 중요한 절기입니다. 맥추절은 칠칠절이라고도 하고, 오순절이라고도 합니다. 특히 오순절은 초대교회가 탄생한 날이기도 합니다(행 2:1~4).

교회는 주님의 보혈로 세워졌습니다. 유월절 어린양의 피가 하나님의 백성을 애굽에서 구원함 같이 어린양 예수의 피로 오늘날 우리는 구원받았고, 그 피로 맥추절(오순절)에 교회가 세워졌습니다. 맥추절은 구원과 양식을 주신 것에 대한 감사를 표하는 날입니다. 하나님은 이 감사의 기쁨과 행복을 천국에 가는 그날 까지 잊지 않고 누리며 살기를 바라셔서 맥추감사절을 정하여 주셨음을 기억해야 합니다.

"수장절을 지키라 이는 네가 수고하여 이룬 것을 연말에 밭에서부터 거두어 저장함이니라"(출 23:16)

말씀 실천하기

1. 구원해 주신 주님께 감사할 구체적 방법을 생각해 봅시다.
2. 맥추감사절에 어떻게 감사예배를 드릴지 구체적인 계획을 세워봅시다.

합심 기도하기

1. 축복하신 하나님께 온 마음으로 감사드리게 하옵소서.
2. 추수감사절에 더 큰 감사를 드리게 하옵소서.

03 축제의 절기가 되게 하라

본문 말씀 신 16:10~17

이룰 목표
- 추수감사절을 지키므로 하나님의 은혜를 안다.
- 추수감사절을 통해 감사와 즐거움과 사랑의 축제를 경험한다.

말씀 살피기
- 초막절을 지킬 때 어떤 모습으로 지키라고 명하셨습니까?(15절)
- 하나님께서는 여호와를 어떻게 뵈라고 명하셨습니까?(16~17절)

소그룹 예배 인도 순서

사도신경 다 같이
찬송 590장(통 309)
기도 회원 중
본문 말씀 신 16:10~17
새길 말씀 신 16:10~11
헌금 찬송 589장(통 308)
헌금 기도 회원 중
주기도문 다 같이

말씀 나누기

추수감사절을 다른 말로 표현하면 축제의 절기라고 말할 수 있습니다. 옛날 이스라엘 백성들이 3대 절기를 지켰는데 그 중에서 초막절(수장절)이 오늘날 우리가 지키고 있는 추수감사절에 해당되는 절기입니다. 이스라엘 백성들은 가을에 추수를 끝내고 곡식을 거두어서 창고에 쌓아둔 다음에 하나님께 추수하게 해주신 것을 감사예배를 드리고 7일 동안 그 절기를 지켰습니다.

현대의 추수감사절은 미국에서 시작되었는데 영국의 청교도들이 신앙의 자유를 위해 메이플라워(May flower)호라는 배를 타고 대서양을 횡단하여 미국 동부의 플리머스에 도착하였습니다. 그곳에서 어렵게 겨울을 보내고 이듬해에 농사를 지어 첫 추수를 하게 되었습니다. 주님의 은혜가 너무나도 고맙게 느껴져서 하나님께 감사예배를 드린 것이 바로 추수감사절의 시작이 된 것입니다. 본문 말씀을 통해 추수감사절을 어떻게 지켜야 할지 살펴보겠습니다.

1. 추수감사절은 감사의 축제입니다

많은 축제(Festival)가 있지만 진정한 축제는 감사의 축제입니다. 왜냐하면 하나님께 감사드리는 것보다 더 귀하고 아름다운 축복이 없기 때문입니다.

이스라엘 백성들은 광야 40년 생활을 마치고 하나님의 은혜로 젖과 꿀이 흐르는 가나안 땅에 들어갔습니다. 가나안 땅에 들어가서 보니 하나님께서 베풀어주신 은혜가 너무 고마웠습니다. 그래서 하나님의 말씀대로 수장절을 지키면서 동시에 초막절을 함께 지키게 되었습니다. 들판에 천막을 쳐놓고 그곳에서 일주일 동안 기거하면서 광야생활 40년 동안 하나님께서 지켜주시고 은혜 주셨던 것을 기억하며 감사하고 즐거워했던 것입니다. 그래서 수장절을 초막절이라고도 부르게 된 것입니다.

그러므로 추수감사절이란 지난 한 해 동안 우리에게 베풀어주신 하나님의 은혜를 기억하면서 뜨거운 마음으로 감사를 드리는 축제의 절기인 것입니다.

"범사에 감사하라 이것이 그리스도 예수 안에서 너희를 향하신 하나님의 뜻이니라"(살전 5:18)

2. 추수감사절은 즐거움의 축제입니다

수장절이란 추수를 끝낸 다음 그 은혜를 하나님께 감사드리고 하나님 앞에서 즐거워했던 축제인 것입니다. 11절 말씀에 보면 "네 하나님 여호와께서 자기의 이름을 두시려고 택하신 곳에서 네 하나님 여호와 앞에서 즐거워할지니라"고 하였으며 15절에도 "네 하나님 여호와 앞에서 절기를 지키고 네 하나님 여호와께서 네 모든 물산과 네 손으로 행한 모든 일에 복 주실 것이니 너는 온전히 즐거워할지니라"고 하였습니다.

이와 같이 추수감사절이란 하나님 앞에서 즐거워하는 축제의 절기입니다. 오늘날 많은 사람들이 하나님 앞에서 즐거워할 줄 모르고 은밀한 곳에서 죄를 지으며 즐거워하려고 하는 것이 문제입니다. 그리스도인들은 죄악 가운데서 즐기는 즐거움이 아니라 하나님 앞에서 떳떳한 기쁨의 큰 즐거움을 맛보며 행복한 인생을 살아갈 수 있어야 합니다.

진정한 기쁨은 하나님, 예수님, 성령님 안에 있습니다. 예수님께서 "지금까지 너희가 내 이름으로 아무것도 구하지 아니하였으나 구하라 그리하면 받으리니 너희 기쁨이 충만하리라 그 기쁨을 빼앗아 갈 자가 없느니라"고 말씀 하셨습니다.

> "눈물을 흘리며 씨를 뿌리는 자는 기쁨으로 거두리로다 울며 씨를 뿌리러 나가는 자는 반드시 기쁨으로 그 곡식 단을 가지고 돌아오리로다"(시 126:5~6)

3. 추수감사절은 함께 즐거워하는 사랑의 축제입니다

14절에 보면 "너와 네 자녀와 노비와 네 성중에 거하는 레위인과 객과 고아와 과부가 함께 즐거워할지니라"고 하셨습니다. 유대인들은 우리나라와 마찬가지로 부자관계가 매우 엄격해서 자식들은 부모님 앞에서 함부로 행동할 수가 없었는데 수장절에는 부모와 자녀가 함께 즐거워하라고 하였습니다. 또한 주인과 노비의 관계도 엄격했는데 수장절에는 주인의 소유물에 불과한 천한 노비와도 함께 즐거워하라고 하였습니다. 그것이 가능했던 것은 사랑이 있었기 때문입니다. 사랑이란 계급과 신분을 초월하고 자기 유익을 구하지 않으며 자기를 희생하는 것입니다.

추수감사절은 이처럼 함께 기뻐하며 하나님께 감사드리는 절기입니다. 그러므로 온 교회가 함께 즐거워하며 하나님께 영광을 돌리고 기뻐하는 축제가 되어야 합니다.

"주 안에서 항상 기뻐하라 내가 다시 말하노니 기뻐하라"(빌 4:4)

말씀 실천하기

1. 하나님의 은혜를 받기 위하여 우리는 감사절을 어떻게 지켜야겠습니까?
2. 금년 추수감사절을 어떻게 지킬지 실천계획을 세워봅시다.

합심 기도하기

1. 온 성도들이 함께 즐거워하고 기뻐하고 감사하는 축제가 되게 하옵소서.
2. 기쁨으로 자원하여 하나님께 예물을 드리게 하옵소서.

04 성탄절에 예수님을 만나자

본문 말씀 눅 2:8~20

이룰 목표
- 성탄에 한 사람씩 전도하여 열매 맺는 성도가 된다.
- 동방 박사들처럼 귀한 예물을 드려 예수님을 기쁘시게 한다.

말씀 살피기
- 지극히 높은 곳에서는 하나님께 영광이라는 뜻은 무엇일까요?(14절)
- 땅에서는 하나님이 기뻐하신 사람들 중에 평화로다 라는 뜻은 무엇일까요?(14절)

소그룹 예배 인도 순서

사도신경 다 같이
찬송 112장(통 112)
기도 회원 중
본문 말씀 눅 2:8~20
새길 말씀 눅 2:14
헌금 찬송 116장(통 116)
헌금 기도 회원 중
주기도문 다 같이

말씀 나누기

하나님의 아들 예수님이 이 땅에 오실 때의 상황입니다. 비록 마구간에서 태어나셨지만, 하늘나라에서는 천군 천사들이 총 출동된 장엄한 방문이었습니다. 그때는 깊은 밤이었습니다. 베들레헴 근처에서 일어난 사건입니다.

이때 하늘에서 빛이 비추었습니다. 천군 천사들이 목자들 옆에 서 있었습니다. 목자들은 크게 무서워하였습니다. 처음 보는 모습이었습니다. 첫 경험이었습니다.

무서워서 벌벌 떨고 있을 때 천사가 말했습니다. "지극히 높은 곳에서는 하나님께 영광이요 땅에서는 하나님이 기뻐하신 사람들 중에 평화로다 하니라" 그리고 천사들은 하늘로 올라갔습니다. 이 광경을 보고 목자들이 "이제 베들레헴으로 가서 주께서 우리에게 알리신 바 이 이루어진 일을 보자 하고" 말하며 베들레헴으로 달려갔습니다.

그리고 지금까지 된 사실을 마리아와 요셉에게 말하고 하나님께 영광을 돌리고 찬송하며 돌아갔습니다.

예수님이 탄생하실 때 왜 제일 먼저 목자들에게 알려 주셨을까요? 왜 제사장에게 먼저 알려 주지 않으셨나요? 왜 믿음이 좋은 사람들에게 알리시지 않으셨나요? 그 이유가 무엇일까요? 그런데 본문에서 목자들의 특이한 것이 발견되었습니다. 성경은 성령의 감동으로 쓰인 책이기에 성령의 감동을 받으면 알 수 있습니다. 어떤 사람이 예수님을 만날 수 있을까요? 본문을 통해 살펴보겠습니다.

1. 성실한 사람들이 예수님을 만났습니다

"그 지역에 목자들이 밤에 밖에서 자기 양 떼를 지키더니"라고 기록한 말씀처럼 목자들은 성실했습니다(8절). 본문에 관심 있게 살펴야 하는 세 단어가 있습니다. '밤에, 밖에서, 지키더니'입니다. 모든 사람들이 잠을 자는 밤이었습니다. 그러나 목자들은 깨어 있었습니다. 그리고 밖에서 자기 양떼들을 지키고 있었습니다. 하나님은 충성스러운 목자들에게 천사를 통해 기쁜 소식을 알려주셨습니다.

예수님이 이 땅에 오시던 밤에 모두 자고 있을 때, 자기 양을 지키려고 밤에 깨어 있는 사람들은 목자들뿐이었습니다. 목자들에게 하나님은 예수님을 만나게 하여 주셨습니다. 성실한 사람에게 하나님은 예수님을 만날 수 있는 은혜를 주십니다.

"성실하게 행하는 자는 구원을 받을 것이나 굽은 길로 행하는 자는 곧 넘어지리라"(잠 28:18)

2. 예수님을 찾는 사람들이 만났습니다

"빨리 가서 마리아와 요셉과 구유에 누인 아기를 찾아서 보고 천사가 자기들에게 이 아기에 대하여 말한 것을 전하니"라는 말씀(16~17절)처럼 목자들은 '빨리 가서 아기를 찾아서 보고' 하나님께 영광을 돌렸습니다.

알려주면 가서 찾아 볼 사람에게 알려 주십니다. 목자들에게 기쁨의 좋은 소식을 알려주자 그들은 예수님을 찾았습니다. 찾을 사람에게 알려 주시는 하나님이십니다.

성탄절은 이 땅에 평화의 주로 오신 예수님을 찾는 날입니다. 내 안에서 함께 살고 계시는 예수님이신지 다시 한 번 확인하며 하나님께 영광을 돌리는 시간입니다. 그 어느 것으로도 바꿀 수 없는 예수님의 은혜가 이 땅의 우리에게 임하셨음을 기억하며 찬양하는 날입니다.

"너희는 여호와를 만날 만한 때에 찾으라 가까이 계실 때에 그를 부르라"(사 55:6)

3. 하나님께 영광 돌릴 사람들이 만났습니다

"목자들은 자기들에게 이르던 바와 같이 듣고 본 그 모든 것으로 인하여 하나님께 영광을 돌리고 찬송하며 돌아가니라"고 기록하고 있습니다(20절). 인간의 죄 때문에 십자가를 지라고 예수님을 이 땅에 보내신 하나님은 영광을 받으시기에 합당하신 분이십니다.

목자들은 힘들고 어려운 생활을 하고 있었지만 늘 하나님의 은혜를 생각하며 경외하는 삶을 살았습니다. 하나님께 영광 돌리는 생활이 몸에 배어 있었습니다. 목자들은 천사들의 갑작스런 방문과 놀라운 소식을 듣고 달려가 예수님의 탄생을 목격하고 하나님께 영광을 돌렸습니다. 이렇게 매사에 하나님께 영광을 돌리는 목자들과 같이 늘 감사하며 하나님께 영광을 돌리며 성탄을 맞이하시길 바랍니다. 목자들과 같이 하나님을 경외하는 자들을 오늘도 주님은 만나주십니다.

> "지극히 높은 곳에서는 하나님께 영광이요 땅에서는 하나님이 기뻐하신 사람들 중에 평화로다 하니라"(눅 2:14)

말씀 실천하기

1. 성탄으로 오신 예수님을 만나기 위해 어떤 삶을 사시겠습니까?
2. 한 주간 동안 성탄으로 오신 예수님을 전하기 위해 구체적인 계획을 세워봅시다.

합심 기도하기

1. 밤에 밖에서 자기 양떼를 성실하게 지키던 사람들처럼 성실한 삶을 살게 하옵소서.
2. 하나님께 영광을 돌릴 수 있는 영성을 가진 성도가 되길.